坂本光司＆坂本光司研究室［編著］

心の時代の感動サービス

リピーターを呼ぶ感動サービス❸

実例107話

同友館

はじめに

仕事柄、全国各地の企業や役所を訪問する機会が多々あります。その折、訪問した企業や役所のスタッフの対応はもとより、そこに移動するために乗車したタクシーや汽車、更には立ち寄った喫茶店やレストラン、宿泊するホテル等で、思わず感動するようなサービスの提供を受けることが時々あります。そうしたとき、何か得した気分になり、その日の仕事に気持ち良く取り組むことができたという経験は、誰にもあると思います。

感動的なサービスを目の当たりにすると、私達はそのスタッフや組織を、あらゆる機会に称賛するばかりか、その組織をまるで自分が見つけた「自慢のお店」とばかりに多くの親しい仲間達に伝えます。

やがて、その組織は広告宣伝費をほとんどかけなくとも市場の評価を高めていくのです。たかが「サービス」ではないのです。物的にほぼ満たされている現代の賢い生活者の多くは、今や企業の提供する商品や品揃え、価格や立地場所より、はるかに大切な「サービス」のレベルを重視し、お店を選び、買物をしているのです。

お店が常連客を失う最大の理由は、不況でもライバル企業の出現でもなく、その組織の

「接客サービス」のレベルなのです。

先日も九州でたまたま乗ったタクシーで、とても良いサービスを体験しました。私が後部座席に乗車すると、ドライバーさんは「〇〇タクシーの〇〇です」と自己紹介しました。私が目的地を告げると「〇〇ですね。かしこまりました。お供をさせていただきます」。そればかりか、タクシーが走り出すと、ドライバーさんは「お客様、エアコンの温度はいかがですか？」とまで言ってくれたのです。

予期せぬ言葉に驚くとともに、その瞬間、長旅の疲れがどこかへ行ってしまい、心が満たされました。更に驚くべきサービスは続きました。走行中、そのドライバーさんが本社の無線配車室に連絡を入れたのです。

「〇〇道路の〇〇付近、急坂の歩道に、買物カートを押すこともできず困っているお婆さんがいます。対応をお願いします」と。私は後部座席から、ドライバーさんの親切に心から感謝するとともに、ドライバーさんの属する組織の企業文化を絶賛しました。

その日の講演会場には約七百人の地域の方が参加していました。私が講演の冒頭、この体験を話すとともに、このタクシー会社を絶賛したことは言うまでもありません。

一方、こうした感動サービスとは正反対のサービスを受けることも少なからずあります。

例えば、役所や企業・商店あるいは飲食店等を訪問した折に時々受ける、「何しに来たんだ?」と言わんばかりの、横柄で無愛想な接客態度です。正直、こうした人々は「何のために存在するのか」という、経営の原点がわかっていないのだと思います。

こういう悪質なサービスの提供者が、たとえ組織の一%であったとしても、私達顧客は非常に大きなマイナスイメージを抱きます。その悪質なサービスの提供を受けたお客様にとっては、そのサービスは一%ではなく一〇〇%の不良品だからです。そして悪質なサービスの提供を受けた人々は、多くの親しい仲間に自身が体験したことを伝え歩くのです。やがて、その悪質なサービスを提供した組織は市場からの退出を余儀なくされるのです。

本書は、こうした問題意識を持つ、研究室に所属する社会人修士学生や修了生、更には科目履修生等三十九名と私が共同して執筆しました。私達が様々な場所で体験し、見つけ、感じた感動サービスを百七事例掲載しています。

社会人修士学生といっても、中小企業等様々な組織の経営者や幹部社員、あるいは、公認会計士や税理士・社会保険労務士といった専門家が大半です。社会人修士学生達は「世のため・人のためになる正しい企業づくり」のため、本業終了後の夜と、土曜日に大学院で学んでいるのです。

なお、三十九名で執筆したこともあり、文面に多少のバラツキがありますが、書き手の感動を余すところなく読者に伝えるため、文末に執筆者の名を記すにとどめ、あえて大きな調整はしませんでした。

本書が「心の時代」「感動財の時代」の、経営革新の一助になれば幸いです。

最後に、前作・前々作に引き続き、本書の出版に賛同し、筆の遅れがちな私達を支援し続けてくれた同友館の脇坂康弘社長をはじめ、スタッフの方には心からお礼申し上げます。

平成二十三年七月吉日

法政大学大学院 政策創造研究科 坂本光司教授 研究室一同
法政大学大学院 静岡サテライトキャンパス長・教授　坂本 光司

目次

目 次

目次

目次

001 どうか私の働いている会社を訪問して下さい

先日、鹿児島市の中心部の商業ビルに入居している「ラグーナ出版」という中小企業を訪問してきました。訪問のきっかけは、数か月前、ラグーナ出版の一社員であるAさんという女性が、筆者に一通の手紙を下さったからです。その主な内容は、私の著書である『日本でいちばん大切にしたい会社』や『経営者の手帳』等を読んだ感想と、「いつの日か、私が働いている会社を訪問して下さい。そして、私達の自慢の社長さん達を褒めてあげて下さい」といったことが、綿々と綴られていました。

Aさんが下さった封筒の中には、手紙と一緒に会社に関する様々な資料が入っていたので、ラグーナ出版が、メンタルヘルスに関する書籍や広報誌の編集・発刊、更には障がい者の就労継続支援施設を運営する中小企業であることはすぐにわかりました。だからこそ、一日も早く訪問せねば、と思ったのでした。

ラグーナ出版は、今から三年前、現社長で精神保健福祉士である川畑さんや、精神科医である現会長の森越さんらが中心となりスタートした珍しい会社です。

きっかけは、二人が勤務している病院で、入院や通院をする精神障がい者を治療する過程で、「この方達に幸福になっていただくためには、病院に囲い込む、病気が治癒してから就労する、といった順序ではなく、一日も早く社会に参加し、就労しながら治癒することが、はるかに効果的」と確信したからです。

訪問当日は、川畑さんや森越さんをはじめ、その日勤務していた二十数名の全スタッフが、手を休め、私を心からもてなしてくれました。事務所や作業所を見学した後、川畑さんと森越さんが、少し離れたところにいた物静かな女性を私のそばに連れて来ました。そして、「先生、彼女が先生に手紙を出してくれたA子さんです」と紹介してくれました。

その後、「皆に一言お話を」と依頼され、私は概ね次のような話をしました。

「数か月前、ここにいるA子さんから心温まるお手紙を頂き、皆さんにお会いしたく私は東京から飛んできました。A子さんの手紙は、私の心を大きく揺さぶる内容でした。すぐにここに来て、会社を創ってくれた川畑さんや森越さん、更には素敵な本や広報誌を制作してくれている皆さんに、お礼を言いたかったのですが、多忙を極め、今日になってしまいました。皆さんが取り組んでおられることは、正しくかつ偉大なことです。どうかこれからも……」と。

（坂本 光司）

002 感謝されることの幸せ

東京メトロ・銀座線に乗り、「外苑前駅」で下車し、そこから八分ほど歩いたビルの地下に「ダイアログ・イン・ザ・ダーク・ジャパン」というNPO法人の事務所があります。この法人の主な活動は、その名の通り、暗闇の生活を体験する「常設館」の運営や、視覚障害者の感性を活かしたタオル等の開発や販売です。

体験の内容は、事前に予約した六名から八名が一組となり、地下一階の事務所の奥の黒いカーテンを開き、中に案内されます。そこで空間内の注意事項の説明を受けた後、メンバーはケースの中から好みの白い杖を選びます。そして、奥のカーテンを開け、更に中に入っていきます。正直、そこは私達がこれまで経験したことのない真っ暗闇の世界です。もとより、私達を案内してくれるのは全盲の視覚障害者の社員さんです。ちなみに私達が体験したときの案内役はKさんという若い女性でした。

私達メンバー六名は、Kさんの声を頼りに、手を取り合い、声を掛け合いながら、奥へ奥へと進んでいきます。私達が立ち往生すると、その都度、Kさんが優しく声をかけてくれたり、駆けつけてくれます。私達が歩いている場所は、杖からの感覚で、段差がある道であることや、履いている靴からの感触で、木や石でできた道、藁を敷きつめた場所があることがわかります。更に奥へ進みドアを開け、中に入ると、Kさんから「この部屋には人数分の椅子がある」ことを告げられ、私達は何とか椅子を探り当て、長机を囲んだ椅子に座ります。そこでKさんが私達から飲み物の注文をとり、暗闇の中でそれを見事に作ってくれ、私達一人一人に手渡ししてくれます。事務所内に戻ってくるまでの時間は約九十分でした。

Kさんが声をかけてくれたり、手を差し伸べてくれなかったならば、また、私達メンバー六名が、お互いに声をかけ合い、皆で支え合わなかったならば、恐らく私達は一人として、あの暗闇の世界から生還することができなかったに違いありません。

戻った明るい事務所内でKさんが話してくれました。

「両親からこの会社の話を聞き、採用していただきました。ここでは目の見えないことが人の役に立ちます。私はここに入社するまで、健常者の方々にお礼を言い続けた人生でしたが、ここで働けるようになってからは、健常者の方々からお礼を言われる人生に変わりました。それが何よりもうれしく幸福です」と。

（坂本 光司）

003 被災地のお年寄りに腹巻を送り続ける会社

広島県呉市に「ハッピーおがわ」という従業員数二十五名の中小企業があります。もともとは、地域では有名な高級呉服店でしたが、現社長の代からは事業転換し、福祉衣料品や寝具の製造小売をしています。

私が初めてハッピーおがわを訪問したのは、今から十年ほど前のことです。ユニークな福祉衣料品を作っている中小企業があると、仲間が教えてくれたことがきっかけでした。工場に入ると、社長である小川さんが、ハンガーにかかっている数十種類の商品サンプルを、私に一つ一つ説明してくれました。そのときの衝撃を私は未だに鮮明に覚えています。というのは、見せていただいたすべての衣料品があまりに変わった形をしていたことと、その悲しいわけを小川さんが説明してくれたからです。

その一つに、足のくるぶしのあたりにポケットが付いたズボンがありました。私は「なぜ、こんな場所にポケットが付いているのですか？」と質問をしました。すると、小川さんは、「三百六十五日、二十四時間、腰が曲がった状態のお年寄りの方にとって、ズボンのポケットは、ここにあったほうが何かと便利なのです」と言ってくれました。

別のズボンは、膝小僧のところに五枚くらい布を縫い合わせ、そこだけがタンコブのように膨らんだ形でした。やはり私は、「何でここにタンコブのようなものがあるのですか」と質問しました。すると、小川さんは「立つことも歩くこともできず、家の中を這って移動しているお年寄りが一杯います。当然膝に負担がかかり膝の部分が破れてしまいます。膝丸出しの状態で畳の間や、板の間をこすって移動する痛みは、きっと耐えられないと思います」と話してくれました。私は話を聞きながら悲しくなりました。

困っている人を見ると、ほうっておけない性格の小川さんは、平成二十三年三月十一日に発生した東日本大震災の被災地のお年寄りのためにも尽力してくれています。その一つが、寒さに震えるお年寄りや体調を壊すお年寄りを見て、床ずれ防止ベッドをプレゼントするほか、全国からボランティアを募り、「腹巻きを送ろう」運動を起こしてくれたのです。

この運動に賛同した全国各地のお婆さんや主婦達が、小川さんから送られて来た生地を縫い続け、この六月までに一万五千枚、九月までには三万枚を施設で暮らすお年寄りにプレゼントすると頑張っています。ハッピーおがわは、この国の宝のような良い中小企業だと思います。

（坂本 光司）

004 金融機関というよりホスピタリティ業

東京に、サービス業やホスピタリティ業と言ったほうがふさわしい金融機関があります。それは巣鴨信用金庫です。巣鴨信用金庫が実施している感動のサービスやそのエピソードは数多いのですが、ここでは私も感動した二つを紹介します。

一つは「巣鴨地蔵通り商店街」を訪れる人々へのサービスです。この商店街は「おばあちゃんの原宿」とも言われているように、年配の女性にとりわけ人気のある商店街です。特に多くの人出で賑わう縁日は、通常の数倍の来街客があります。その多くはお年寄りということもあり、困るのはトイレや休憩場所の確保です。商店街の大半のお店は、トイレの開放を行うとともに、休憩用の椅子を店舗の内外に用意するのですが、到底足りません。

こうした状況を見て、巣鴨信用金庫は行動を起こしてくれました。本店が商店街の入り口近くにあるということもあり、縁日のときは本店の入り口に「お休み処」と書いた暖簾を掲げ、本店のトイレはもとより上階の大会議室も来街客に無料で開放するのです。そればかりか、休憩やトイレのため入店した来街客に対し、本店のスタッフが総出で、お茶出しのサービスやお菓子のプレゼント、更には話し相手となってくれるのです。

もう一つのエピソードは、窓口のスタッフが行う感動サービスです。ある日、中年のご婦人が信用金庫の支店の窓口に来られました。なじみのお客様ということもあり、応対したスタッフは「〇〇さん、今日は元気がないように見えますが、何か心配事でも?」と聞きました。するとそのご婦人は「実は一人娘が結婚することになり、それは嬉しいのですが、相手の方がアメリカ人で、結婚後、すぐにアメリカの本社に転勤してしまうので……」と寂しそうに話をしてくれました。

しばらくして、そのご婦人が再び窓口にやって来ました。用件を終え、お店を出ようとしたご婦人に、窓口のスタッフが「〇〇さん、プレゼントがあります」と呼び止めました。ご婦人の周りに手すきの数名のスタッフが駆け寄り、一人のスタッフが「娘さんのご結婚おめでとうございます。これは支店の全員からのプレゼントです」と紙包みを手渡しました。スタッフの一人が、「どうか開けて見て下さい。気に入って下さるといいのですが」と付け加えました。プレゼントは素敵な「フォトフレーム」でした。スタッフの一人が「お母様も寂しいでしょうが、娘さんも同じです。傍において、いつも見守ってあげて下さい」と言いました。ご婦人の目には涙があふれていました。

（坂本 光司）

005 祖国からの一番の贈り物

札幌市で最大の商店街である「狸小路商店街」の一角に、富士メガネというメガネや補聴器の小売店があります。現会長兼社長の金井昭雄さんのお父さんが樺太（現サハリン）で個人商店としてスタートしました。その後、戦争に突入し、終戦寸前に家族とともに、命からがら北海道へ引き揚げてきました。敗戦の混乱の中、苦労に苦労を重ね、一九四六年現在地で再創業をしたのです。「奉仕を先に、利を後に」という「利他の経営」が地域住民の心をとらえ、全国有数の「メガネ屋さん」にまで成長発展しています。

富士メガネの経営でとりわけ私が賞賛しているのは、その顧客本位のサービスの姿勢や、黙々と実践している社会貢献活動です。いつぞや、私の研究室に所属する疑り深い年配の社会人学生から、とても良い話を聞きました。彼はそのサービスのレベルを確かめるために、わざわざ出かけたのです。お店の中に入るや、彼は「メガネが見えづらいので新調しに来た」と言いました。対応したお店のスタッフが「では検眼をしますので」と、二階の眼科医院と見間違えるほど最新機器の揃った検眼室に案内しました。そこで、一通りの検査を終えると、そのスタッフは「お客様、今かけているメガネを変える必要はないと思います。フレームのねじが緩み、レンズはかなり汚れていましたので、洗っておきましたから」と言いました。彼のメガネは他店で買ったもので、しかも、彼は一見客なのです。彼は一瞬にして「富士メガネ」のファンになりました。

もう一つの社会貢献活動も称賛に値します。「困っている人がいたら助けてあげたい」を経営の原点に、当社では様々な社会貢献活動を実施しています。その一つが、約三十年前から行っている海外の難民に対する貢献活動です。難民のいる国に社員が有給休暇をとり出かけ、現地の一人一人の視力を測定し、その人に合うメガネをその場で作りプレゼントします。そうして贈られたメガネはこれまでに十一万人分を超えます。

一九八七年からは、肉親探しのために日本を訪れた中国残留日本人孤児のために、宿舎に出向き、視力を確認し、メガネを寄贈し続けています。メガネをプレゼントされた女性が、富士メガネに出したサンキューレターを見せていただきました。「祖国は私達を見捨てなかった。……祖国から頂いた数々のお土産の中で、メガネほど嬉しいものはありませんでした」。もう一人の女性は「花や木がこんなにも美しかったとは今日まで知りませんでした」。この手紙を読ませていただき、私は涙が止まりませんでした。

（坂本 光司）

006 私も一緒に働きますから、どうかこの子を

浜松市の郊外に、京丸園という名のビジネス農業体があります。かつては稲作中心の典型的な個人農家でしたが、現経営者である鈴木さんの強い思いと努力が実り、現在では、品種改良技術を保有するほか、めねぎ・プチトマト・チンゲン菜といった高付加価値の農産品を生産する農業企業です。

京丸園の成長発展のきっかけは、今からおよそ十年前でした。それまで必要従業員の確保は、親戚縁者や従業員の紹介に頼っていましたが、限界を感じ、現経営者である鈴木さんは、初めて地元新聞に「従業員募集」という折込チラシ広告を入れました。

しかしながら、その効果はさっぱりで、一週間で応募してきた人はわずか二名の女性でした。より正確に言えば実質は一名でした。つまり、もう一名の女性は、応募した女性のお母さんだったのです。そのお母さんは事務所に入るや、買物かごから折込チラシを出し、「このチラシを見てきました。この子をどうか働かせて下さい」と言いました。隣にいた二十歳前後の女性は、知的障がいのある方でした。

鈴木さんは、それまで、障がい者の雇用はもとより、障がい者やその家族に対する理解

と関心は、正直ほとんどありませんでした。ですから、そのお母さんに対して「お母さん、事情はわかりますが、我が社の仕事はこの子では無理です。すみませんが別の会社を探して下さい」と冷たく言い放ちました。

するとそのお母さんは、悲しそうな顔をし、しばらくうつむいていましたが、すぐに勇気を振り絞ったような顔つきで「社長さん、この子、農業が大好きなのです。精一杯頑張りますのでどうか雇って下さい」と言いました。それでも良い返事をもらえないと見るや、そのお母さんは、今度は「社長さん、私もこの子と一緒に働きます。私も朝八時から夕方五時まで働きます。私は、給料は一円も要りません。だからどうかこの子を」と、涙ながらに訴えました。

鈴木さんは、それまで人が働くのは「お金のため、生活するため、生きるため」と考え経営をしてきましたが、愛する人の幸福のためなら無償でも働くという、お母さんの言動は衝撃的でした。鈴木さんは決意し、この子を採用したのです。以来、京丸園では、障がい者雇用に積極的に取り組み、今や障がい者雇用のモデル企業として、地域から高い評価を受けるまでに成長発展しているのです。

（坂本 光司）

007 社員の家族から愛される会社

地下鉄銀座線・青山一丁目駅の商業ビルのその最上階に本社があるIT系企業が、アイエスエフネットです。

創業は今から十一年前。現社長の渡辺さんが、仲間数名でスタートした企業です。現在は、従業員数約二千名にまで成長発展しています。

当社が関係者から注目されているのは、こうした高い成長力などではありません。それは、人、とりわけ弱者に優しい経営を貫いているからです。

事実、現在、グループ会社全体で、約二千名の社員がいますが、年々、障がい者の雇用が増加し、今や六十名、障がい者雇用率は三％です。我が国の平均雇用率が一・六八％であることを考えると、注目に値する雇用率です。しかも「二〇二〇年には千名の障がい者等社会的弱者の一〇大雇用をする」と宣言している素敵な会社です。

今でこそ、全国有数の障がい者雇用先進企業として著名な当社ですが、障がい者雇用のきっかけは、ひょんなことでした。それは創業当時のことです。当時、名もない企業ということもあり、極度の人財不足でした。そんなこともあり、渡辺さんは「やる気と一定の能力があれば、誰でも」と、採用をしてきました。

するると、入社後何年かたって、何人かの社員が、「実は、私は障がい者手帳を持っています」と、打ち明けました。皆、程度の差こそあれ、いい仕事をやってくれていた社員でした。しかも皆、利他の心を持った優しい人柄の社員ばかりでした。

加えて言えば、障がい者と一緒に仕事をしていた健常者の生き方、仕事の仕方が年々優しくなっていたのです。こうしたこともあり、その後、意識して障がい者雇用に取り組んでいったのです。

当社では、人、とりわけ社員とその家族を幸せにするため、様々なことを行っています。その一つが社員とその配偶者との面談です。先日、渡辺社長から、心温まるエピソードを聞きました。ある幹部社員の奥様が、「社長さん、もし主人がアイエスエフネットを辞めるなら、私は主人と離婚します。こんなにも主人や私達に愛を施してくれる会社を見捨てるなんて、許せませんから」と言ったそうです。

こうした経営を見ると、経営の結果は正しいことをやっているか否かの代償と思えてなりません。

（坂本 光司）

008 あのお婆さんの髪を洗ってあげたい

静岡市内に、モルティーという名の美容室があります。街でよく見かける美容室も運営していますが、移動美容室という事業も行っているのです。

移動美容室とは、名前の通り、お客様が美容室に来店するのではなく、美容室そのものが、お客様の望む場所に移動するサービスです。この移動美容室は、大きな自動車をまるで部屋のように改造したもので、中には座席が三つもあります。

社長である福地さんが移動美容室を始めたきっかけは、お客様を囲い込みたいとか、売上高をもっと高めたいといった、不純な動機ではありませんでした。それまで週一回は、髪洗いや、髪染め、あるいはカットやセットのため来てくれていた一人のお婆さんが、必ず来る日に来なかったことです。その次の週も、そのまた次の週も待ちましたが、そのお婆さんは、お店には来ませんでした。

社長の福地さんやスタッフは、「○○さん、どうしたんだろう。あれほど『来週も来るからよろしく。ここに来ると、心が休まるから』と言っていたのに」と心配しました。

その後、時々来店する別の主婦から、お婆さんに関する話を聞きました。「○○さんは体調を崩し、今は施設で暮らしている。歩くこともままならない体になってしまい、きれい好きの○○さんは、さぞ辛い毎日を送っていると思います」と。

来れなくなったわけを知った福地さん達は、次の日、あのお婆さんのいる施設を訪ねました。そしてお婆さんに会いました。

お婆さんは「もう二度とあなたのお店に行けない体になってしまいました」と涙を出しながら、寂しそうに話をしました。施設の責任者に、「車椅子に乗せてでも美容室に連れて行ってあげたい」と言っても、当時は理解してもらえませんでした。

福地さんは何日も何日も、そのお婆さんのことを考えました。そしてついには、美容室に来ていただくのではなく、美容室の近くまで行く、つまり、移動美容室を作ることを考えたのです。福地さんは採算など全く考えませんでした。ただただ、あのお婆さんの役に立つことをしてあげたい一心だったのです。こうしてスタートした移動美容室も今は三台になりました。

（坂本 光司）

009 小さな名刺の大きな貢献

札幌市の郊外に、丸吉日新堂印刷という小さな印刷屋さんがあります。主な事業は、新聞の折込チラシ等の印刷ですが、当社が最も有名なのは、名刺作りです。

私も名刺を作っていただいています。仕事柄、毎月三百枚を注文していますが、その代金は約一万円、つまり、一枚が約三十円もするのです。私が属する大学の事務に依頼すれば、三百枚でも千枚でも無料で用意してくれます。また、巷の名刺屋さんに依頼しても、一枚十円程度が一般的です。

それにもかかわらず、私はこの会社に名刺の注文をし続けているのです。こうした行動をする人は私だけではありません。当社の阿部社長に聞くと、年々、新規顧客が増え続け、その数は、一か月当たり五百件から七百件に及ぶと言います。そればかりか、既存客のリピーター率は九九%だそうです。しかも、その地域分布は、北海道内が全体のわずか二〇%で、八〇%は道外のお客さん。遠くは沖縄県の方もいます。

ではなぜ、多くの人々が、少々高いことを承知で、わざわざ当社に名刺を依頼し続けているのでしょうか。それは、当社が時代の変化に目覚め、世のため人のためになる「正しい経営」を貫いているからです。

当社の名刺の原料は、バナナの茎やトウモロコシの皮、更には廃棄されたペットボトルを入れた「エコロジーペーパー」です。これは地球温暖化の防止に少しでも役立ちたい、生活者の意識を高めたいという理由で使用しているのです。ちなみに、私が好んで使っているのは、バナナの茎が三〇%入った通称「バナナ名刺」です。

また、当社ではこうした名刺の製作の一部を外部に発注していますが、障がい者の方々に働く喜び・働く幸福を提供できたらと、障がい者の方々が就労している「作業所」にこれまた意識して発注しているからです。阿部社長は、作業所で働く障がい者の方々が、「名刺、できました」と言って、届けに来る笑顔がたまらないと言います。

名刺が少々高い理由はこうしたせいだけでもありません。名刺の代金の一部を「盲導犬協会」に寄付しているからです。ですから、私も間接的に「障がい者雇用」や「盲導犬協会」に少しばかりですが、貢献していると自負しています。

正しい経営をしている会社を支援する方法の一つが、その会社の「お客さん」になることだからです。

（坂本 光司）

010 頑固な父が口にした最期の言葉

どうも胃腸の具合が思わしくないと病院に行き、胃ガンと診断された私の父は、近くの病院に入院することになりました。担当の主治医はやる気に満ちた若い外科医で、なんとしても完治させるという強い思いを持って治療に臨んでくれました。本人や家族への説明のときも、「こういう方法で手術を行います。なぜならこのような症状が出ていることによって、こんなことが原因だと考えられるため、それに対する一番効果的な方法だからです」というように、情熱的でありながら、常に冷静で論理的な話し方をします。

しかし私の父は、自分の父親（つまり私から見て祖父に当たるわけですが）を喉頭ガンで亡くしたときに、診断や治療に対して納得できない状態でこの世を去ったことをずっと忘れられずにいました。そのせいか「医者なんて信用できない」という気持ちを抱えたまま入院し、とにかく先生や看護師に対していろいろと文句を言い続けました。

「ご飯がまずい」と病院食をほとんど食べなかったり、髭を剃ろうとすると死期が迫っているからと勘違いして看護師を罵ったりと、いろいろな抵抗を試みていましたが、その中でも先生にとって一番大変だったのは抗ガン剤を拒否したことでした。父が入院したときにはすでに手術ができない状態だったので、先生は抗ガン剤に望みを託すほかありませんでした。

「Hさん、今は抗ガン剤もいいものがあるので、人によってはガンが縮小したり消えてしまったりするケースもあります。やってみましょう」

と説得を続け、父も納得して抗ガン剤を服用したところ、気分が悪くなって吐いてしまいました。

父は「こんなことなら、もういい。苦しくないように旅立たせてほしい」と、その後の服用を勝手にやめてしまいました。先生は必死になって説得を試みましたが、父の決意は固く、次第に父の意向を最大限尊重する方針に切り替えました。

抗ガン剤の効果は個人差が大きく、人によっては体力を消耗させてしまい逆に寿命を縮めてしまうこともあり得ます。そうであればできる限り本人の希望を優先させるべきであろう、と先生は考えたようでした。それに気が付いたのか、父はだんだん文句を言うことが少なくなり、穏やかに眠っている時間が多くなりました。

一時的に容体が安定していたある日、父は先生にこんなことを呟きました。

「先生、いろいろ世話になったな。ありがとう」

先生は一瞬絶句し、すぐに「いやだな、Hさん。そんなこと言わないで早く良くなって下さいよ」とほんの少し声を震わせて返しました。父は数日後も同じように「先生、本当にありがとな」と言い、その夜に帰らぬ人となりました。

昔に比べて今は病院で最期を迎える人が非常に多くなり、必然的に病院と本人の考えに齟齬が生じることも増えていきます。私はあれだけわがままを言っていた父に最大限の配慮をしてくれた先生や看護師の方に感謝せずにはいられません。

あの父が先生に二度もお礼を言ったことは家族の中でも話題になりました。葬儀の数日後、私は先生に直接お礼が言いたくて病院を訪れました。

「先生、うちは間違いなくガンの家系なので、僕もいつか同じように治療しなければならない日が来ると思います。そのときは、ぜひこの病院で先生に担当してもらいますからね」と話したときに、泣きそうになるのをぐっとこらえていた先生の顔を、数年経った今でも鮮明に思い出すことができます。

（高澤 暢）

011 全員主役の感動創造企業

沖縄は国際通りにある沖縄教育出版。

同社が障がい者雇用を始めたのは平成十二年のことだそうです。

私が同社を訪れたその日、満面の笑みを浮かべて障がいを持ったその社員さんは働いていました。障がい者雇用を推進してきたのは元常務で、今はグループ会社の代表をしている前泊重也さんです。前泊さんによれば、健常者も障がい者も一人一人はみな不完全、それを踏まえたうえで一人一人を認めていくことが大切だと言います。

「彼ら（知的障がい者）は、人をだましたり、恨んだりしない。また仕事に対するモチベーションは計り知れないほど高い。だから一緒に働くことがどれだけ大切かということを知ってもらいたい」と熱く自信に満ちた表情で語っておられました。

そして、「障がい者には社内の雰囲気を変える力があるのです」と、こんなエピソードを紹介して下さいました。

その障がい者の方は、最初は商品整理の仕事をしていましたが、仕事に活かしたいということで車の運転免許をとることを決意したそうです。しかし、健常者のように簡単には試験に受かりません。やっと仮免許の試験が受けられるまでになりましたが、あっさり落ちます。その次も、その次も、その次も受かりません。苦労の末、九回目の試験でなんとか仮免許に合格します。

ほっとしたのもつかの間、それからがもっと大変でした。本試験では、更に何度受けても合格がもらえません。五回目、六回目……、ついに十回目になりましたが、また落ちます。十一回目、十二回目、十三回目……、まだ届きません。そして、とうとう運転免許の本試験回数は十六回を数えるようになりました。今度こそと思いましたが、また望みは叶いませんでした。

しかし諦めません。本人だけではありません。沖縄教育出版の人達全員が諦めていません。みんなで必ず誰かが彼をサポートし続けたのです。

「こうすれば大丈夫」

「がんばれ」

「今度はいける、いけるぞ」

そんな激励が飛び交っていたに違いありません。

そして迎えた十七回目のトライ。とうとう彼の合格番号がありました。

そのとき、どれだけ会社に感動の渦が沸き起こったことか想像の域を超えます。ですが、とてつもない一体感で全員が固く結ばれたであろうことは間違いないでしょう。これが沖縄教育出版の企業文化を作っているのです。

その後、彼は休みの日には家族を連れて沖縄本島中部の勝連《かつれん》にいるお婆の家に車で出掛け親孝行をすることが慣わしとなりました。時間はかかるけれど、必ず目標を達成できる。諦めなければ、カメのようにコツコツやれば、必ず自己実現できることを身をもって教えてくれたのです。

その彼は今、障がい者社員のリーダーになってみんなをまとめています。相変わらずニコニコと働いているところに質問をしてみました。

「どんなときにやりがいを感じますか?」。その答えはすぐに返ってきました。

「仲間と一緒に仕事ができるとき」と。

うそ偽りない「全員主役の感動創造企業」だと心から思いました。

（小林 秀司）

012 空の上のサービス

仕事上、飛行機の移動が多いので、航空会社関連のニュースには敏感になっています。しかし、それ以上に空の上でのサービス、飛行機に乗る前のサービスに変化があるように感じます。

以前は、非常口に座ると、「荷物はすべて、荷物入れにお入れください」と強い口調で言われ、何だか叱られたようで気まずい思いをしながら、空の上で過ごしていたように思います。しかも、毛布を持ってきてもらうように依頼しても、とうとう到着まで手元に届かない、それればかりか全くその謝罪の言葉もない。

二度とこの航空会社は使うまい、と思ったことも度々でした。しかし、経営破綻のニュースが聞かれるようになってからのサービスは一変しました。

航空機に乗り込むときには「こんにちは!」の笑顔、降りるときには「行ってらっしゃい!」の笑顔。それだけでほっとするような、元気になるような気がします。言葉を発するだけでなく、言葉の中にある相手への思いやりが伝わってくるからだと思います。

機内でのアナウンスも、機長からは航路上の天候や揺れの強さや着時間が丁寧に伝えられ、顧客を安心させたいという気遣いが感じられます。出発時間が何らかの事情で遅くなってしまったときには、機長からも客室乗務員からも「お急ぎのところを……」と心からの謝罪のアナウンスがあり、当たり前かもしれませんが、乗っていただいてありがたい、というそれぞれの想いが行動に表れているようです。

先日、私の誕生日のフライトでは、思いがけないプレゼントを頂きました。機内で子どもに配る飛行機型のおもちゃに「ハッピーバースデー」のメッセージと、絵葉書にクルーからの寄せ書きがあるのです。

地上から情報が入ったそうで、その日初めて会った方々から頂いたメッセージに驚くやら、嬉しいやらでした。こんなサービスは以前では考えられなかったと思います。お礼を言う際に、家族に誕生日を祝ってもらうために帰省することを伝えると、降りるときにまで「ご家族と、どうか素敵なお誕生日をお過ごし下さい」と、温かい言葉を頂きました。

もしかすると、以前は「飛行機に乗せてやっている」という意識があったかもしれません。しかし、「乗っていただいてありがたい」「一人でも多くの乗客に喜んでいただきたい」「感動を届けたい」という意識の変革が、その行動の変化を生んでいるような気がしてなりません。

会話の中で聞いた着時間や天候など、どんな小さな質問でも、必ず調べて、席まで報告に来て下さるのです。

ただ聞いてみただけのときなど、こちらが恐縮してしまうくらいのときもあります。顧客の小さな声に耳を傾けようとする姿に、二度と乗るものか、と思ったこともすっかり忘れて、心地良く空の上の時間を過ごしています。

（増田　かおり）

013
コーヒーフロートの思い出

私の祖父はコーヒーが大好物でした。その中でも一番のお気に入りはアイスコーヒーにバニラアイスの乗った「コーヒーフロート」でした。

毎日同じ時間にコーヒーショップに行き、同じ席に座り、「コーヒーフロート」を飲むのが日課で、三年もの間、雨の日も風の日も通っていました。いつしか、祖父が来ると注文をせずともコーヒーフロートが出てくるまでになっていました。私の注文を聞くと、「お孫さんですか。いつもお世話になっています」と満面の笑みでお返事してくれます。

あるとき、祖父が体調を崩し、施設に入ることになりました。病名は肺ガンでした。祖父は日に日に弱っていきました。祖父は辛い体に鞭を打って毎日車椅子に乗って部屋を出て、廊下を三〇メートル歩いていました。「今の夢は、また自分の足で歩いてコーヒーを飲みにいくこと」と祖母に話していました。

私は離れた場所にいたため、なかなか帰ることができず、祖父が入院をした二週間後にやっと帰宅することができました。それに合わせ祖父も一時帰宅することになりました。

久しぶりの祖父に会い、あのコーヒーをどうしても飲みたいということを聞き、プラスチックのボトルを持ってあのコーヒー店へと向かいました。私は店長に「いつもあの席に座っていた老人を覚えていますか」と聞くと、「このごろ、いらっしゃってませんが、お元気ですか？」と心配そうにされていました。私は祖父が病気になったこと、今、家に帰ってきていてこのコーヒー店のコーヒーを飲みたがっていること、元気になったら自分の足で来ると言っていたことなどすべて話しました。すると店長は私の持っていたボトルを預かると「少しお待ち下さい」と言い残し、奥に入っていきました。

十分ぐらいすると、両手一杯の発泡スチロールの箱を持った店長が出てきました。私は店長にお礼を言い、お支払いをしようと財布を出したところ、「お代金は結構です」と頑なに拒み、「来られなくなって寂しくなったと皆で話しておりました。お元気で来られるのをお待ちしております」と言っていただき、私は感謝し家へと持ち帰りました。

家に着き、蓋を開けた瞬間、皆の声が止まりました。発泡スチロール箱の中に保冷剤で守られ、一つ一つプラスチックの入れ物で分けられたバニラアイスが何個も入っていました。

そして横にはなみなみと注がれた真っ黒なコーヒーが入っています。

祖父は氷を一杯に入れたコップにコーヒーを注ぎ、一つのバニラアイスを取り出し、上に乗せました。そして、いつものようにアイスをコーヒーに溶かし飲みはじめました。「うまい！」と何度言ったことでしょうか。涙を流しながら一杯目を飲み干してしまいました。まるで、一週間何も飲んでいないかのように必死に飲んでいました。

そして落ち着いて「ありがとう」と言ってくれました。一日という滞在時間に祖父は五食分すべて飲み干したそうです。

その二週間後に祖父は亡くなりました。しかし、祖父が人生の最後にどこのコーヒーにも負けない「コーヒーフロート」を飲めたこと、最高のサービスに出会えたことをとても幸せに思います。

祖父が亡くなった後、私はまたコーヒー店を訪れました。そして、コーヒーを飲んだ祖父の様子、その二週間後に亡くなったことを伝えました。すると店長は「良かったです、喜んでいただいて。でも寂しくなりますね」と窓際の席を見つめていました。

もう今は、その時間にその席は埋まっていません。ですが私は、帰郷の際にはその店を訪れ、その席に座ることで祖父との思い出に浸ることができるのです。

（鬼塚 翔二朗）

014 父の思い出を引き継いでくれた靴職人

父の法事の関係で実家に帰ったときのことです。父の持ち物を整理していると、足の型が縁取られ、足の特徴と思われることが書いてある一枚の紙が出てきました。その紙の右下にはN靴店という店名と電話番号が書かれています。

何だかとても気になったので電話をしてみると、父がそのお店で靴を何度か買っていたこと、また、お店は市街地の中心部に程近い商店街にあることがわかりました。たまたま翌日にその商店街にある仏具屋さんへ行くことにしていたので、ついでにN靴店を訪ねてみることにしました。

N靴店は商店街のメイン通りから少し外れたところにひっそりとお店を構えていました。扉は小さく通りからは店内が見えません。とても靴屋さんとはわからない外観です。恐る恐るお店に入ると、店内はかなり狭く照明は暗めです。中央のテーブルには五〇センチくらいの高さまで色とりどりの革が無造作に積まれています。右側の棚には木型のサンプルのようなものがいくつか並んでおり、その下には見たこともない道具がたくさんあります。

店内に展示されている靴はどれもがきれいに輝いています。目が釘付けになるようなデザインの靴もあります。しかし、その総数は、十足にも満たないようです。やはりN靴店は、「オーダーメイド」の靴屋さんでした。

誰もいないのかな？　少し不安になってきたころに、奥から初老の店長が出てきました。昨日の電話でこちらの状況を察した店長が、本来は定休日のところをわざわざお店に出てきてくれていたのでした。

店長は優しく微笑みかけながら、「これはお父さんのです。持って帰って下さい」と父の靴を作ったときの木型を手渡してくれました。その木型を両手に持っていると、店長の温かい心遣いが伝わり、また、小さくなった父が何かを語りかけているような気がして、しばらく目に涙があふれて仕方ありませんでした。

店長は、父についていろいろと語ってくれました。父がN靴店で最後に靴を作ってもらったのは平成元年。今から二十年以上も前のことです。それにもかかわらず店長は、その当時のことをつい最近のことのように鮮明に覚えており、ゆっくりと丁寧な口調で語ってくれます。その柔らかな口調に引き込まれ、ついつい二時間も話し込んでしまいました。

父の思い出から始まった話は、いつしか靴磨きの話に変わり、最後は私の足の悩み相談になっていました。私の右足には、足首とかかとの真ん中辺りに大豆を少し大きくしたくらいの「こぶ」のようなものがあります。かなり履きなれた靴であっても長時間歩いていると、そのこぶがこすれて痛くなるのです。仕事の関係で出張が続く場合はとても困っていました。店長はその場で私の足と靴を見てくれると言います。私は迷うことなくお願いしました。

店長は、私の右足のこぶを何度か触り、その位置と大きさを確認すると、鮮やかな手つきで道具を操り、私の靴に手を加えていきます。その動きに二十分くらい目を奪われていると、店長は生まれ変わった靴を私に手渡してくれました。もちろん、これまでに経験したことのない履き心地です。さらに店長は、今度お店に来たときには他の靴も同じようにやってくれるというのです。

思わず、「なぜ、こんなに親切にしてくれるのですか」と店長に尋ねると、「これも何かのご縁ですし、私は職人ですからね」と笑って答えてくれました。私はこみ上げてくる涙をこらえるのが精一杯で、黙って頭を下げることしかできませんでした。（徳丸 史郎）

015 顧客が追いかけてくるタクシー会社

長野市の市街地から遠く離れた山間に、長野中央タクシーというタクシー会社があります。

地元の人達から「ここのタクシーなら間違いない」「ここのタクシーに乗れば幸せになれる」と言われ、他のタクシーをやり過ごしてまで、お客様が乗車するタクシーです。乗車したおばあちゃんから「残り少ない命に、幸せをくれてありがとうね」と感謝の言葉をかけられたり、同業者からはタクシー業界の星と言われているタクシー会社です。

駅での乗車待ちや、街中を流しているタクシーは一台もなく、無線配車率は九九％と言います。この感動タクシー会社のエピソードを三つ紹介します。

ある日、お客様を迎えに行くと、電動車椅子のお客様でした。電動車椅子は折りたためず、トランクへしまうことができません。悩んだ乗務員は「バッテリーを外せば何とか車に載せることができるだろう」と、何とお客様の自宅前で、車椅子の分解を始めたのです。何とかタクシーに載せることができ、病院に到着すると、再び電動車椅子の組立をし、無事、お客様をお送りすることができたのです。しかも、車椅子の分解組立のときのメーターは止まっていたのです。

ある日、お母さんと子どもが乗車しました。しばらくすると、その子が喘息を起こしましたが、乗務員は何もしてあげることができなく困ってしまいました。

当時の宇都宮社長（現会長）が、このことを聞き「喘息の子どものために」と、翌月から全車禁煙車としました。今でこそ、禁煙車が当たり前となりましたが、禁煙タクシーを開始した当時は世間的にも浸透していなかったため、「タバコが吸えないから、二度と中央タクシーには乗らない」というクレームがあったり、周りからも「そんなことをしていて大丈夫なの？」と心配する声がありました。明らかに売上は落ちましたが、「子ども達を守るため、一度決めたことは最後まで」と、思いを貫き通しました。

冬のある日、雪による道路交通事情で、どう考えてもフライトの時間に間に合わないと判断したタクシー乗務員は、電車で空港までお送りすることを決断しました。近くの駅にタクシーを停め、空港に着くまで乗り換えもあるし、迷子になっては困るからと、お客様の荷物を持ち、一緒に電車に乗り、空港までお送りしました。もちろん、その際の電車賃は頂きませんでした。

一回だけ、交通事情でフライトに間に合わないお客様がいらっしゃいました。そのとき、海外旅行に行くことができなくなってしまったお客様に、最高の旅行をプレゼントしたいとの思いで、空港近くの最高級のホテルを予約して、最高のおもてなしをしました。もちろん料金すべてをお支払いしました。

別の日のお客様は、お送りしている途中で、パスポートを忘れたことに気づかれました。そこで乗務員は会社に連絡をし、別のタクシーでお客様の自宅までパスポートを取りに行ってもらうよう手配しました。お客様の自宅でパスポートを受け取った乗務員は、高速に乗り、急いでそのタクシーを追いかけました。そして、サービスエリアで休憩していたタクシーに追いつき、お客様にパスポートを届けることができました。パスポートを届けたタクシーの料金はもちろん頂きませんでした。

驚くことに、これらのエピソードの多くは、乗務員個人の判断によって行われたサービスなのです。

（今野 剛也）

016

お菓子屋さんの幸せな仕事

洋菓子専門店の私達の店はお客様もスタッフも幸せになる店作りを目指しています。

ある日の会議で「一歳のバースデーを迎えるお子様を持つお母様にクッキーを焼いてプレゼントしているが、二歳以上のお子様や大人の方も本人がご来店のとき、何かお祝いはできないのだろうか？」という意見が出ました。バースデーソングを店内に流しスタッフ全員で声を揃えて「お誕生日おめでとうございます。」と伝えることが決まりました。翌日から、お誕生日のご本人の来店をそわそわしながらお待ちしていました。

二〜三日後、駐車場に一台の車が入り、女性のお客様が若い女性に身体を支えられながら来店されました。ケーキとコーヒーを注文され、終始にこにこ、お話も弾んでいるようでしたが、ケーキを四分の一ほど残したまま時間が過ぎていました。

もしかして何か不都合があったのではと思い、「ケーキのお味はいかがですか？」と伺ったところ「とってもおいしかったから、少しだけ残してあるの」とおっしゃいました。

ホッとして少しお話を伺うと、お体の具合の悪そうなお客様は長く入院していて、娘さんがお見舞いに行くたびに、私達の店のケーキを手土産に持って行って下さっていたとのこと。「退院したら一緒にお店に行こうね」とずっと二人で決めていたそうです。

十五分ほど過ぎたころ、BGMが突然ハッピーバースデーに変わりました。工房のスタッフが大きな声で、別のテーブルにいらしたお子様のお名前を呼んだのを合図に、お店にいたスタッフも声を合わせて「お誕生日おめでとうございます！」と力一杯拍手をしたのです。

そのお子様は満面の笑みで、大きな声で「ありがとう！」と言ってくれ、他のお客様からもお祝いの言葉や拍手で一杯になりました。とても温かな雰囲気に感動していると、私達と一緒にその場にいらしたお客様も涙ぐんで「素敵なお仕事ですね。あのお子さんも小さいうちにこのような嬉しい体験ができて幸せですね」と言って下さり、「お買物をされているお客様がみなさん楽しそうなのはこちらのお店の方の笑顔のおかげですね。本当に連れてきてもらってよかったです。」と話して下さいました。

私も胸が一杯になり、人に喜んでいただくことを考えて働くことができるお菓子屋さんは幸せな仕事だと感じました。これからもスタッフ全員でメイクベターの精神を共有し、お客様の期待を超えられる店作りをしていきます。

（平松 きよ子）

017 「永眠後も共にありたい」と思われる会社

愛知県知多郡の南部に「美しい浜の町」と書いて美浜町《みはま》という町があります。人口二万五千人の美浜町民は、ひたむきで真面目でシャイですが優しい人が多いです。この町にそんな町民の人柄を投影したかのような素晴らしい会社があります。

株式会社トウチュウという、昭和八年に創業した歴史ある会社です。

元々この会社は、知多半島の美しい浜に漂着した良質な砂から鋳物砂を開発し発展してきた、名実ともに美浜町が誇る地元企業です。現在では、国内の砂（珪砂）取扱いシェア一位となり、産業界にとってもなくてはならないオンリーワン企業へと成長を遂げました。

しかし、業界トップと言って決しておごることなく真面目な姿勢を貫いてきました。

この会社で働く方のお子さんが就職できる年齢になると、自分の会社・トウチュウを迷うことなく勧めるという話でも、どれだけ社員から信頼されているか容易に想像ができます。

もう一つ、この会社が社員やその家族から心底愛されているエピソードがあります。

あれは定年退職した社員が永眠したときの出来事でした。故人の妻が永い眠りについた夫を送り出すとき、参列者に「遠回りさせて下さい」と、頭を下げてお願いしているのです。お願いした内容は、故人が勤めていたトウチュウの本社工場に寄ってほしいとのこと。

参列者は真意がわからぬまま反対する理由もなく承諾をしました。

深々と頭を下げてお礼する故人の妻を乗せた霊柩車が走りはじめました。トウチュウの本社工場に差し掛かり、通り過ぎるのかと思ったとき、なんと車は工場を中心にゆっくりとその周りを三周回ったのです。そして最後に「ファーン」とクラクションを鳴らしてから目的地に向けて進路を戻しました。

後ほど真意を確かめるべく尋ねると、故人が生前に希望していたとのことです。合わせて故人がそこで働いた軌跡を妻が称えたいという願いだったことがわかりました。そして同様の要望をする社員の家族が多いことも聞かされました。

私は、この会社が社員とその家族から「永眠後も共にありたい」と思われる素晴らしい会社であることを知りました。そして同時に定年後わずか一年で永眠し、余りにもはかない生涯を送った父がどれだけ素晴らしい会社に勤めていたのかを知った瞬間でした。

（門田 政己）

018 感動の定食

先日、農業を通じて障がい者の自立支援を行っている社会福祉法人を視察で訪れました。到着がお昼前だったので、参加者全員でその社会福祉法人が運営している喫茶スペースで昼食をとりました。食事は三つのメニューから選べましたが、私は鯖の味噌煮定食を注文しました。五百八十円ですがボリューム満点です。定食には、ご飯、味噌汁のほかにサラダやお漬物も付いています。この喫茶スペースで使っている野菜は、ここの農場で有機栽培したものだとのことです。おいしいのはもちろんですが、一つ一つの素材がしっかりしており、食べ物の命を頂いている感じがしました。

昼食の注文取りと配膳をしてくれたのは、実習中の障がい者の女性でした。落ち着いて一つ一つの作業を丁寧にされていました。注文を取る際も、間違えないようにしようと一生懸命です。その真剣さがこちらにも伝わってきます。食事を持ってきてもらって、こちらが「ありがとう」と言うと、少しはにかんだ表情でペコリと頭を下げる姿が印象的でした。温かい気持ちの交流がありました。

食事を済ませ、喫茶スペースを出るときに、お米を選別している障がい者の男性を見かけました。たくさんの米粒の中から、くず米や割れ米をピンセットでつまんで、選り分ける根気のいる作業です。話によるとこの方は、人とのコミュニケーションは苦手だけれど、何か一つのことに集中して取り組むことに関しては、素晴らしい才能を発揮される方とのことでした。私だったら数分と続かない作業を、よく長時間続けられるなと感心しました。お米はお百姓さんの八十八の手間がかかっていると言われますが、その光り輝く最後の一手間を垣間見た瞬間でした。定食の白飯が均質でつやつやしているのが印象的でしたが、その理由が理解できました。

その後、農場も視察しましたが、たくさんの障がい者の方が草むしりなどの農作業に従事されています。夏は暑く冬は寒い大変な作業を黙々とこなす彼らは、土も大切にされているのでしょう。黒々としていて元気な、一目で肥沃な土とわかりました。この土からできる作物はおいしいはずです。多くの人の努力と肥沃な土、これらに支えられておいしい鯖の味噌煮定食が成り立っていることを理解できました。感動的なサービスには、受け取る側の感受性や想像力も必要だということが学びになった視察でした。

（富永 治）

019 冷えたジョッキの優しさ

友人と二人、オートバイで九州をめぐるツーリング中に、熊本県天草市の下田温泉に寄ったときのことです。あまり計画せずに行けるところまでという旅なので、いつものように日が暮れはじめていました。走り続けてくたくたになった私達は、温泉地に宿をとろうと地図で見つけた下田温泉という地域にやっとのことでたどりつきました。ウィークデーだったためか、さびれた温泉地のように人影のない寂しい感じの町でした。

ガソリン代と食費以外は節約していたので、いつもならテントを立てられるところか野宿できそうな公園を探すのですが、あまりの疲れでそれもせず、なんとかなるさと目についた居酒屋に入りました。店内は、寡黙で高倉健さんのような感じの、後日友人と「天草の健さん」と呼ぶことになる店主と、タクシードライバーのお客さんだけでした。

店主はおいしいものをいろいろと出してくれ、お酒も進み、お客さんや店主からつまみや焼酎をご馳走してもらったりしながら、とても楽しい時間を過ごすことができました。話をしている中で店主に「今日泊まるところは決まっているのか?」と訊かれ、特に決まっていないがどこでも寝られる、公園はないか、と答えると、「ここ（お店）を閉めたら、雑魚寝していけばいい」と言ってくれました。全く考えていなかった提案に、遠慮しながらもありがたくお願いすることにしました。更に「裏口から温泉にタダで入れるから、あとで教えてやるから入って来い」と店主。閉店時間までゆっくりさせてもらい、お客さんも帰ると、片付けがあるから先に温泉に入って来いと、なんと一緒に温泉まで案内をしてくれました。「俺は店を片付けたら先に帰る、鍵は開けっ放しにしておくから勝手に戻って寝てくれ。朝もそのままでいい」と言い残し、お店に帰っていきました。

ゆっくりと温泉を堪能しお店に戻ると店主の姿はありません。ふとカウンターを見ると、なんと、生ビールの注がれた大きなジョッキが二つならんでいました。メモらしきものは何もなく、ただ、おいしそうな冷たいビールだけがそこに置いてありました。本当によく冷えていて、温泉から出てくる時間をぎりぎりまで見計らってくれたようです。

見ず知らずの二人にここまでしてくれて、私達は涙が出るぐらいに感激しました。しかしもう感謝を伝える方法がありません。記念にしようと思っていたフェリーのバイク用タグの裏に感謝の気持ちとともに「必ずまた来ます」と書き残し、翌朝、誰もいないその店を後にしました。

（井上竜一郎）

020 新米営業マンが教えてくれた信金魂

私がS信用金庫の支店長だったころ、お客様から営業係A君の応対に感激したという電話が入りました。お客様といってもなじみの方ではなく、彼が飛込訪問した新規先でした。A君は、入庫一年生のフレッシュマンです。金融機関で通常外回りの営業に出るには、一通り内部事務の基本を身につけてからとなるので、早くても一年、通常は二年くらい経験を積んでからになります。

しかしながら、営業係を担当していた職員が急に異動になり、期の途中でもあり補充ができず、急遽A君が営業係として外に出ることになったのです。入庫してわずか六か月のことでした。まだ右も左もわからない新人にまともな営業ができるのか、正直不安もありましたが、中の仕事をしているときよりかえって生き生きと働いてくれるのでほっとしました。元々、人と接するのが好きな性格だったのです。

そんなことで、周りの心配をよそに新人ながらもどんどん新規開拓を始めたのです。彼の担当地区は、官有無番地があり、ベテラン営業マンも足を踏み入れるのに躊躇するほどの場所でした。私もA君に「支店長、見込みがありそうですので一緒に挨拶をお願いします」と言われ、初めて足を踏み入れた場所もありました。

そんなある日、A君が営業に出てしばらくたったときのことです。彼の担当地区のお客様から電話が入りました。恐らく、新人で至らぬところが多く、クレームが来たなと思って電話に出たのです。

用件は、こうでした。

「お宅の外回りのA君は若いのにしっかりしていますね。金融機関の営業係が訪問してくれたのは久しぶりで、感じもいい好青年であったのでいろいろ話も弾みました。その中で、そろそろ住宅を新築しようと思っているのだが、お宅で融資は可能かどうか聞いたのです。もちろん、新人であることは承知していましたので、大した期待はしていませんでした。そのとき、彼はこう言ったんです。『申し訳ありません。融資や住宅ローンのことは全くわかりません』。普通なら、話はそこで途切れてしまうところですが、続けてこう言ったんです。『一日待っていただけませんか、店に帰り融資担当の者に相談してみます。明日には回答するようにいたします』と。そして、希望金額、返済年数など聞き取り帰っていきました。しばらくしたら、彼から電話があり、今晩融資担当とお邪魔したいがご都合はよろしいですかと尋ねてきました。

その晩、彼と融資担当が訪ねてきて審査にあたっての手続き等、説明を受けました。融資担当者の脇で一生懸命メモを取っている姿が印象的でした。新人ながら、お客のために一生懸命行動する姿に感動し、支店長さんに電話をした次第です」。

そしてこう言ってくれました。

「審査が通ればお宅で借りたい」と。

私は、この話を支店の朝礼で全員に伝えました。またその後の庫内の営業研修でも話しています。知識があることに越したことはありませんが、大事なのはお客様のために今の自分ができることを考え、実践することです。

わずか一年目の新人がフェイス・ツー・フェイスの信金魂を教えてくれたのです。

（鈴木 良夫）

021 息子が受けた懸命の治療と温かい看護

我が家には自閉症を持つ次男がおります。妻が次男を連れてグラウンドで遊んでおりました。高い所が好きな次男は足を踏み外して転落し、一時気を失ってしまいました。妻の必死の呼びかけに朦朧としながらも目を覚ました次男を、なんとか病院へ運んだそうです。連絡を受けた私もすぐに駆けつけました。ちょうど正月休みだったこともあり、障がい児の扱いに慣れない近所の病院では、たいした処置もできず様子を見るだけでした。

心配だったので静岡K病院へ運んでもらうようお願いをし、救急車で一時間近くかけ到着しました。到着後すぐに吐いてしまい緊迫した状況でした。頭蓋骨にひびが入り、脳の中の液が出てきていたのです。最悪頭を割っての処置も覚悟しました。担当課長の先生から厳しいお叱りを受けました。主治医の先生は食事の間もなく治療に当たって下さり、看護師さん達は優しく応対してくれました。夜間の出入りも禁止されておりましたが心配で落ち着かない私に対し、心配なら泊まってもよいし、守衛さんに伝えておくので都合の良いときに出入りして下さいと言って下さいました。温かい看護のおかげで次男は奇跡的に一週間で回復し、十日後には元気に退院できました。

（望月 伸保）

022 「夢の国」のきめ細やかな対応

私は、テーマパークDで救急車に運ばれたことがあります。

その日の入園直後、急に腰から下腹部にかけて鈍痛にも似た違和感が。しかし、せっかくDに来たのだから思い切り楽しもうと、ゲート近くのアトラクションを体験しました。順番を待っている最中、めまいと吐き気で立っているのがやっとの状態に。それを体験することを楽しみにしている娘を連れている手前、「やめよう」とも言えず、ふらふらな状態。ようやく乗船したら、今度は痛さからか目が回る。

これは危険な状態かもしれないと直感した私は、園内の救急センターに飛び込みました。スタッフの皆さんの迅速な対応のおかげで、園の救急車で近くの総合病院まで搬送していただき、無事入院することができました。私はあまりの激痛に状況を全く把握していなかったのですが、治療後、妻に様子を聞くと、Dの三人のスタッフがずっと立ち会ってくれただけでなく、帰り際、家族四人分の入園料全額を返金してくれたそうです。

後日、お世話になったゲストご相談室のFさんにお礼の電話を入れ、その後、菓子折りにお礼の手紙を添えてお世話になった方に送りました。それから数日後、宅配便で小包が届きました。開封するとFさんからの手紙が添えられていました。

「お手紙よりお加減も回復なさったとのことを伺い知り、私共も安堵いたしました。また、今般は結構なお品を頂戴いたしましたことを光栄に存じております旨ご報告すると共に、ご散財いただきましたことを大変恐縮に感じる次第でございます。

私共は多くの皆様に、創業者の夢を提供することをひとつの使命と考えておりますので、どうぞお気遣いなきようお願い申しあげます。なお、頂戴したお品は当該部署全員にてありがたくいただきましたことを重ねてご報告申しあげます。

（中略）私共はこの度のお手紙を励みにしながらも、奢ることなく更に快適なパーク作りに向けて、従業員一同努めて参る所存でございます。（中略）青空のパークで、ご家族皆様の笑顔にふたたびお会いできる日を、心よりお待ちしております」

手紙に添えられた箱を開けると、それはキャラクターのお菓子セットでした。それも私が贈った菓子折りよりはるかに大きなサイズのものでした。

当日の対応もさることながら、その後のきめ細やかな対応にただ感動するだけでした。

（木南 憲一）

023

断らない美容室

先日、急に時間が空き、美容室に行きたくなりました。しかし時間はもう二〇時を過ぎていました。その場でスマートフォンを使い、遅くまで営業している美容室を探しました。

一軒目の電話で断られた後、二軒目に電話し、今からお願いしたいということと、これから行くと二〇時四〇分くらいの到着になってしまうことを伝えました。すると、思いがけない言葉が返ってきました。「大分お待たせしてしまいます。遅い時間になってもよろしかったら少し時間をずらして来ていただけませんか」と言うのです。

そのお店は、受付は二〇時三〇分までということを調べたうえで電話していた私は、断られるだろうと思っていたので、とても驚き、また、嬉しく思いました。それだけでなく、待たせてしまうことのほうを気にかけての対応だったことにも驚きました。

約束の二一時にお店に着くと、どの席もまだお客様がいて、満員といった感じでした。受付終了後のこの時間にこんなにたくさんのお客様がいる美容室なので、仕事帰りのＯＬが多いのかと思いましたが、そうではなく、様々な方がいました。

順番が来て、担当してくれる美容師さんが挨拶をしてくれ、どのようにしたいか、とてもじっくりと髪質等をチェックし、丁寧に仕上がり像を決めてくれました。

シャンプーがまた驚きだったのです。とても丁寧にしてくれていると感じられ、「大分お疲れですね」とかなりの時間をかけて頭のマッサージをしてくれたのでした。

その後の対応も、少しでも待っている間の時間を心地良く過ごしてもらおうという気持ちが伝わってくるものでした。おかげで、今までどの美容室に行っても待ち時間が苦痛だったのですが、快適に過ごすことができたのです。

こんな時間に多くのお客様がいて繁盛している理由が、ここまででも十分にわかるお店でした。

帰るころにはとても満足した気持ちになり、急な頼みに対応してくれたことへの感謝の気持ち、マッサージや心遣いもとても気持ち良かったことなどを、店員さんに伝えずにはいられませんでした。

（清水 洋美）

024 自分の足で歩いて、お礼に行きたい

私はクリニックを経営しています。

まだ正月気分もさめやらぬ一月四日の未明のことでした。「昨夜、夫（三十五歳）が、単身赴任先の九州で脳出血のため倒れ、救急病院に運ばれた」と職員から連絡が入ったのです。不安で一杯の様子が電話から伝わってきました。

とにかく彼女がまず入院先の福岡の病院に行って、どんな状態なのか詳細を知らせてくれることになりました。やがて福岡の病院から送られてきたＣＴを見て、医師や看護師達はしばらくの間、声が出せませんでした。かなり厳しい状況なのが、誰の目にも明らかだったからです。

脳出血が広範囲で意識のない状態が続き、入院先の脳外科の先生からは「たとえ手術がうまく行っても、元のように一人で歩くことはできないでしょう。左側に麻痺が残ります」という診断がなされました。今後、三十五歳の夫とともに長い人生を歩むことになるのです。脳の手術をすることも含めて、一切の判断が妻にかかっていたのです。

彼女は悩んだ末、思い切って手術に踏み切ることにしました。その結果、手術はうまく

行き、やがて夫の意識も戻ったのですが、左側の手や足に麻痺があり、左半側空間無視のため左側の認識ができなくなっていました。つまり、前から人が数人歩いてくると、右側にいる人は見えて認識できるのですが、左側にいる人は見えても認識できず、ぶつかってしまうのです。一人で歩くことも含め、今後のリハビリの困難が予想されました。仕事の多忙な時期に介護のために二か月近くも休まなければなりませんでした。「家族もみな仲間です。協力しよう」という、妻の職場全員の結束に支えられていました。

「単身赴任先ではなく、千葉の自宅近くに転院したい。どうしても家に帰りたい」という職員の夫の希望がありました。リハビリテーション病院は、発症後二か月以内に入院しなければならないという規則があります。症状が固定してしまい、回復が見込まれなくなってしまうためです。どの病院も脳血管障害や交通事故などで、入院希望者が百人ほど列をなしていました。私は職員と一緒に何度も何度も病院に足を運び、やっと入院先が決まりました。

今度は福岡から羽田まで転院しなければならないのですが、飛行機では座席に座れないためストレッチャーに乗せた状態での利用となります。飛行機は羽田で三つの座席を外し、福岡から羽田、運用の都合上そのまま羽田から札幌、更に次の空港、そして羽田に戻るまでそのままの状態で飛び続けなければなりません。セキュリティの関係で救急車を飛行場の飛行機のすぐ側まで横付けするためには、福岡でも羽田でも数々の書類や手続きが必要であり、同乗者にも医師や看護師の資格が必要でした。転送中の急変や気圧が患者に与える影響も大きく、羽田から民間の救急車でリハビリテーション病院に無事転院できたときには、一同みな胸をなでおろしました。

しかし、管だらけの患者から発せられた言葉に、とてもそのような日が来ることなど誰一人考えることはできませんでした。

「歩けるようになったら、自分の足で歩いてお礼に行きたい」

脳出血手術後の困難な長いリハビリが始まりました。辛くて何度も何度もくじけそうになりました。「あきらめない！　頑張ろうよ！」。妻の献身的な努力や周りの多くの応援がありました。

半年ほどたち、退院して自宅に戻る途中でした。四点杖と装具で歩いて来られたのです。「どうしてもお礼が言いたくて……」。後は涙が溢れて、言葉になりませんでした。

こんな状態では、まだ、自分の足で歩いたことには、ならないと考えているようでした。自宅に戻ってからのリハビリは、入院しているときのようにはうまく行きません。どうしても気が緩みがちです。自分との戦いで、思い通りには行かず、困難なことが多いのです。

八月末の暑い夏の土曜日の午後でした。

普通の杖一本だけで電車に乗り、駅の階段も降り、誰にも言わずに、たった一人で妻の職場に訪ねてきました。

「自分の足で歩いて、お礼が言いたくて。ありがとうございました」と、長い長いお辞儀をしました。その顔は涙でぐちゃぐちゃに濡れていました。

「本当によく頑張りましたね。大変でしたね」

そこには全員の感動の涙と、とびきりの笑顔がありました。

私は、「あきらめない！」ことが生きていくうえでどんなに重要で大切なことなのかを心に深く刻みました。

（近藤 博子）

025

ゆっくりでいいから一緒に前に進んでいきましょう

友人の中川弥生子さんが、ＪＲ中野駅から五分の立地にコミュニティレストラン「キッチン そら」を開店しました。中川さんは、十三年前に乙武洋匡さんの『五体不満足』（講談社）を読んで以来、五体満足な自分にできる社会貢献がないものかと思い悩んでいました。そこで、主婦だからこそできるお料理で、地元の人が笑って集まることができるコミュニティレストランを開店させようと決意したのです。

コミュニティレストランというのは、ファミリーレストランを想像していただければわかりやすいと思います。ファミリーレストランは、多少、お子さんが騒いでも容認されているようなレストランで、育児中の母親が気兼ねなく外食できる場所です。

オープン間近のある日、お店を訪ねると中川さんは不在で、一人のスタッフの方(Ｕさん)だけが開店準備をしていました。話しかけると少し落ち着きがない様子だったので、Ｕさんは障がいをお持ちであるということに気が付きました。

私は「ご無理はないですか？」と心配をしましたが、その心配をよそにＵさんは、「大丈夫です！」と元気な声と屈託のない真っ直ぐな笑顔で挨拶をしてくれました。しかし、

Uさんは三年前に精神障がいを患ってしまったと言います。中川さんとの出会いを聞いてみると、Uさんが利用していた施設のプログラムにリラックス効果や精神的な癒し効果を促進するために、ヨガの時間があったとのことです。そこで、インストラクターのボランティアとして参加した中川さんと出会うことになり、中川さんから「将来、コミュニティレストランをオープンするから、ぜひ働いて下さいね」と優しく声をかけてもらったのだそうです。中川さんもそのことを覚えていて、三年もの月日がたっているにもかかわらず、オープンすることが決まってから、Uさんの連絡先を探し当て、ぜひ雇用をしたいと申し出たのです。

Uさんが、なぜそんなにまでしてくれるのか中川さんに尋ねたところ、中川さんはこう答えたそうです。「地元の人が気軽に立ち寄り、井戸端会議をするなど、地域コミュニティの場として活用してもらいたいの。人が集まり、障がいを持つスタッフと接することができれば、自然とUさんのように苦しんでいる方への助けになると信じてる。だからUさん、ゆっくりでいいから一緒に前に進んでいきましょう」。その言葉を聞いて、私はUさんの前で涙をこらえることができませんでした。

（中村 大作）

026 震災後の接客

長い間T店を利用していただいている岡村化成様が震災後初めて来店されました。

いつもは元気なお客様ですが、今日はなんだか元気がないように感じました。

岡村化成様は自動車関連のお仕事をされているので、東日本震災のことで心を痛めておられるのではないかと考え、声をかけました。車の大手工場の下請会社が東北に数多くあり、重要な部品が入らず生産することができないというニュースを話題にしました。

「何か影響はございましたか?」とお聞きしたところ、「私も困っているんだよ、いつ注文が入るかわからない状態で。だからと言って作っておかないと注文が来たときに納品ができないしね。材料を買って生産しても注文が入らないとどうしようもない。先が見えなくて、本当に参ってしまう」と話をして下さいました。

私達は以前と変わりなく過ごしているのであまり影響を感じなかったのですが、この話を聞き、全国、いや全世界に大変なことが起きたことを思い知らされました。

私が、「こんな状況の中で、私達もいつもと同じように接客していてもよいのだろうかとみんなで話をしているんです」と言うと、「あなた達はいつも通りの笑顔でいなければだめだよ。自粛自粛で世の中を暗くしたって何にもならない。いつも通りの笑顔でいつも通りに接客してくれないとお客さん達が嫌になってしまうよ。」と温かな言葉をかけて下さいました。

その言葉に励まされ、今、私達がやらなければいけないことは、働けることに感謝し、いつも笑顔で今まで以上にお客様を大切にし、お客様に喜んでいただくことだと思いました。

私達の笑顔とおもてなし、そしておいしいお菓子を召し上がっていただくことでお客様や皆様に元気になっていただきたい　その思いで一杯になりました。

その後、私達の町、浜岡地域でも原発の操業を停止しています。多くの人達が原発に関係した仕事に就いていたため少なからず影響は出ていますが、それでも、住居、衣類、思い出がなくなったわけではありません。できることはたくさんあります。前を向いて進んでいこうと思っています。

被災地の皆様の一日も早い復興をお祈り申し上げます。

（平松 きよ子）

027 オーケストラの贈り物

親しい友人のオーケストラの演奏を聴きに行ったときのことです。

彼女のオーケストラには、中学生の子どもから退職された年配の方まで、幅広い層の団員がいます。団員の一人、高校生のK君が、急にご両親の仕事の都合で引っ越さなければならなくなり、オーケストラも退団せざるを得なくなってしまいました。K君は練習熱心で、仲間から慕われる存在だったので、仲間の団員も大変残念に思ったそうです。

この市民オーケストラでは、毎年、定期演奏会を開いており、K君の引っ越しはその演奏会後、一か月がたったころと決まりました。そんな中、団員の一人のSさんが、ある企画を思いついてみんなに提案しました。それは、定期演奏会の当日、既定のプログラムが終了した後に司会がK君の退団についてのアナウンスをするとともに、彼に花束と色紙を贈呈し、更にK君の好きなホルストの「組曲惑星」から「ジュピター」を演奏しようというものでした。

この案には多くの団員が賛成しましたが、いくつもの障害がありました。K君に知られずに一曲の交響曲を練習するとなると各人の練習時間、団として合わせて練習するための場所と時間の確保も容易ではありません。言い出したSさんはこれらの責任を躊躇なく引き受け、各団員から協調の姿勢を引き出していたといいます。

そして迎えた演奏会では、多くの観客が入っていました。既定のプログラムの演奏が始まり、団員達の真剣な表情が目につきました。それらの曲目が終わったときには、K君の目にはすでにうっすらと涙が浮かんでいるようにも見えました。

団のメンバーの一員でもある司会者からK君退団の事情がアナウンスされ、花束と色紙が贈呈されたのち、「ジュピター」の演奏が始まりました。団員はみな一生懸命に演奏し、それはまるでK君と過ごした時間を回想しながら演奏しているようでした。

演奏が終わり、K君は感極まった様子でしたが、落ち着いて観客の前で感謝の意を表明していました。観客からは盛大な拍手が送られました。

この演奏会の後、K君は遠くへ越して行きました。しかしこのオーケストラにおける体験は、彼にとってもまた送り出した団員にとっても、とても心に残るものになったのではないかと思います。人間の心を動かすものは、やはり人と人とのつながりの中にあると実感した一幕でした。

（ファン・イーアン）

028 居酒屋のウェルカムボード

親しくしている経営者の方から、「池袋駅から十分程度歩いた住宅街の中に、魚串炙縁《うおくしあぶりえん》という居酒屋があって、とてもサービスがいいから行きつけのお店にしている」という話を聞きました。ちょうどその翌週に二十人程度の懇親会の幹事を任されていた私は、電話で問い合わせ、予約を取りました。電話のときから、元気一杯の対応で、こちらの気持ちまで明るくなるような、そんなお店でした。週が明けて、懇親会当日、一九時スタート予定だったのですが、一七時半ごろ、行けないという人が三名出てきてしまいました。

幹事としてのふがいなさを感じるとともに、お店にも迷惑をかけてしまい申し訳ない、と思いながら電話すると、意外な答えが返ってきました。

店員「キャンセルですね。はい、かしこまりました！」

私「当日ですし、直前なので料理とか作ってますよね？　キャンセル料がかかるようなら、お支払いしますので」

店員「キャンセル料は結構ですよ。それより××様、今日はどんな集まりなんですか？」

私「今日は、私達の会社に内定している学生と、社員による懇親会なんです。初めて顔を合わせる人も多いので、楽しい雰囲気のお店がいいなと思って電話しました」

店員「それは楽しみですね。何という会社ですか？」（社名を伝えて電話を切りました）

そして一時間半後、お店に入ると、テーブルの上にはA４用紙に、私達の会社の理念や社長の言葉などがすべて手書きで書かれており、更にはみんなが楽しく笑い合っているイラストが描かれたウェルカムボードが置いてありました。

更にお店のスタッフからのメッセージとして、「今日という日にこうして出会えたご縁に感謝します」という言葉が添えられていました。感動したのは、社名を伝えたのは到着の一時間半前だったこと。その間にこれだけの準備をどうやってやったのだろうと思いました。しかも店内は混んでいたのです。

普通のお店ならキャンセルの連絡に対して迷惑がられてもおかしくない状況でした。そんな中、「お客様は今日という日にどういう想いで私達の店に来てくれたのだろうか」という視点で対応し、そして短い時間の中で歓迎の意を示してくれたこの店のスタッフのサービスに心から感動した一日でした。


（亀井　弘喜）

029 女性ドライバーだけのタクシー会社

岡山で偶然、女性ドライバーが運転するタクシーに乗ったことがあります。

最近は女性ドライバーも珍しくなくなりましたが、わざわざ車から出て後ろ座席のドアを手で開けてくれるなど、あまりにも気遣いが素晴らしいので、話しかけてみました。

すると、男性ドライバーの一切いないタクシー会社だと言います。更に「どちらが経営しているのですか？」と聞けば、私が尊敬する経営者の一人である両備グループの小嶋光信代表が数年前に立ち上げた両備グレースタクシーとのこと。高いレベルのサービスにも納得しました。小嶋代表は、他の地域の鉄道会社やタクシー会社などの建て直しで実績のある方です。

女性ドライバーのみのタクシー会社を立ち上げた理由は二つあるそうです。

一つ目は、女性のニーズを考えてのことです。

ドライバーが女性であったほうが女性のお客様が安心でき、きめ細かいサービスができるからだと言います。例えば、女性には、お子さんのことや女性特有の病気などの悩みや苦労があります。そうした苦悩に共感して、同性のドライバーと話をしているだけで、少し気持ちが楽になったと言われるお客様も少なくないそうです。

また、普段ドライバーに伝えにくいような場所（例えば、婦人系の病気の病院）へのお出かけも、女性ドライバーだと気兼ねなく頼みやすいのは、男性の私でも理解できます。

車内も、たばこの臭いがせず、とても良い空間だったので、聞いてみると、お子さんやお年寄りへのウィルス感染を予防するため「ウィルスウォッシャー機能搭載の空気清浄機」を全車装備していると言います。

そのほか、地域に密着したサービスとして、共働きで忙しいお母さんに代わって、お子さんの学校や塾の送り迎えを行ったり、小さなお子さんの安全のためのチャイルドシートも早くから導入したそうです。

また、まごころタクシー便といって、お年寄りの足として買物の代行を行い、「一緒に買物をしたい」と言うお年寄りには、食品スーパーで買物カートを押して付き添ってあげるといった弱者に優しい様々なサービスも行っています。

二つ目の理由は、女性の雇用の拡大だそうです。

女性ドライバーが増えない理由は、タクシー会社は男性の職場といったイメージがあり、応募そのものが少ないことが原因だそうです。ところが、両備グレースタクシーは、ドライバー全員が女性であるために安心して応募できます。

そして、働いているほとんどの女性ドライバーにはお子さんがいて、家庭と仕事を両立しているとのことでした。勤務時間は、九時～一七時が基本ですが、夕飯を作らなくてはならない家庭の主婦の方は、少し早目に切り上げます。

朝早くでも大丈夫な方は早朝五時から始めて昼過ぎに上がったり、遅出のほうが都合の良い方は夜十時までといったように勤務時間の自由度を高めることで、家庭を持つ女性に働きやすい環境を提供しています。

この会社が取り組んでいることを聞いただけで優しい気持ちになりました。

「岡山に来たら、両備グレースタクシーを利用しよう」

「知り合いにもできるだけ紹介したい」

と思い、車を降りました。

（藤井　正隆）

030 こんなに簡単な仕事はない

ネット通販で靴やアパレル商品を販売しているザッポスという会社が、アメリカのラスベガスにあります。ネット通販というと、商品の選択から購入までネット上で行えて、処理は自動化され、人とのやり取りがない効率性を重視したシステムを持つ会社が多い中で、ザッポスは人によるサービスを売り物にしています。

あるとき、ザッポスでクリスマスプレゼントを購入した顧客の家が火事に遭い、家族へのプレゼントがすべて焼けてしまいました。その話を聞いたコールセンターの担当者は、購入したすべての商品を無料で届けました。アメリカ人にとって家族へのクリスマスのプレゼントは特別な意味を持つため、火事に遭った顧客は感動して、お礼の手紙やビデオレターが届けられました。

ザッポスはネット通販の会社でありながら、このような「感動のサービス」を毎日のように生み出し続けています。

ラスベガスにあるザッポスの本社では、毎日四回、無料の社内見学ツアーが開催され、世界中から見学者が集まります。私も社内見学ツアーに参加をしました。ザッポスを訪れての印象は、社内に笑顔が溢れているというものでした。社内のあちらこちらで社員が笑顔で会話をして、見学者が通りかかるとにこやかに楽器を鳴らして歓迎してくれます。音楽をかけ、皆でちょっとした踊りを披露してくれる部署もあるほどの歓迎ぶりです。

社員食堂で昼食を取っているときには、東日本大震災の直後だったために、日本のことを心配して暖かい言葉をかけてくれた社員の方もいました。

私が社内見学ツアーに申し込んだときの担当者は、マリーという女性の社員でした。社員にインタビューできる有料のプログラムの担当もマリーがしてくれたので、本社でマリーと会って話すことができました。

「顧客を感動させるサービスを提供するのは大変ではないですか？」とマリーに質問をしたところ、「こんなに簡単な仕事はないわ」という意外な答えが返ってきました。「顧客が望んでいることに対して、すべてイエスと言って、ただやるだけよ。私にとって、こんな簡単な仕事はないわ。それで顧客は喜んでくれるのだから最高の仕事よ」と説明をしてくれました。

マリーの答えは比喩などではなく、ザッポスでは顧客を満足させるためであれば、ほとんど何をやってもよいとされています。

コールセンターで一つのコールにかけた最長時間は、七時間三十分にも及びます。顧客のためであれば、何時間電話を続けてもよいのです。こうした長時間のコールが終わると、注意されるどころか、みんなから拍手喝采を受けるそうです。

火事でクリスマスプレゼントを失った顧客に無料で商品を送り直すことも、上司の許可なしにできてしまいます。コールセンターの担当者ですら、こうしたサービスにかける経費の予算額を知らないというほど、自由にできる権限が与えられています。

日本に戻ってくると、ザッポスから手紙が届きました。中にはマリーの手書きのメッセージが書かれたカードが入っていました。ザッポスは北米以外では事業を行っていません。当分、日本に進出する予定もありません。日本から見学をしに来た私を喜ばせるためだけにしてくれたのです。私の心をとらえ、ザッポスを訪れる前以上にザッポスが大好きになりました。

（木村 敬）

031 店員さんの気遣いに感激

〝泣く子はだまらない〟一歳児を連れている私達夫婦は、大の食事好きです。生後二か月の娘を連れて焼肉屋に行ってみたら途中で大泣きされ、他のお客様に邪魔そうに見られ、焼けてもいない肉を食べて帰ってきて無茶をしたと反省したり、それでも懲りずに今度はタイ料理屋に入り、泣く我が子と冷たい店員さんの対応に参って急いで食べ、出てきたり、数々の失敗と経験を重ねたものです。やっぱり子どもがいると、ほかに子連れのお客さんがいないようなお店ではどこか入りづらい思いをしてきました。

そんなある日、銀座で買物をした後、「イタリアンが食べたいね」と見つけたのはチェーン店のSでした。少し覗いてみたところ二階にあるようで、バギーで行くのは大変だから諦めようかと思ったのですが、一歩入ったお店の空気感が良かったので、妻に「ちょっと聞いてくる」と言って、二階まで聞きにいったのです。「あの〜、バギ〜があるんですけど」と言う私に、笑顔で「大丈夫です」と答えてくれる店員さんに、このお店なら間違いないだろうと入ってみました。

入ってすぐ通されたのは、お店の真ん中の席でした。スヤスヤと眠る我が子に安心し注文を終え、お疲れ様の乾杯後、一口目のおいしいビールをゴクリと飲んだそのとき、「おぎゃー」という泣き声とともに、ロマンチックな店内が一転して戦場となってしまいました。

「あぁ、またか」とがっかりし、いつもならテーブルにあるものを早食いして精算しそそくさと帰る私達ですが、このお店のスタッフの対応は違いました。「はじっこの席が空きましたので」と、他のお客さんと少し距離がある席に私達を移してくれ、そして「赤ちゃん、可愛いですね」と笑顔で話しかけてくれたのです。私達はどんなに心強かったことでしょう。それからも、何分かごとにオーダーを運んでくれるたび、「寝ていますか？」「大丈夫ですか？」と気にかけてくれたので、本当に安心しておなか一杯に食事を楽しむことができました。

すっかり食事を終えた私達が、最後の精算の前、店員さんに「おかげさまで本当に食事を楽しむことができました」と礼を言うと、その店員さんは、「いえいえ、本当に可愛い赤ちゃんだったので」と満面の笑みで答えてくれ、「バギーを下ろすの手伝いますよ」と階段を降りるのを手伝ってくれました。店員さんの気遣いにより、私達夫婦がこのお店の、継続顧客になったのは言うまでもありません。

（廣田　優輝）

032 顧客第一のタクシーサービス

大学生のころ、私はツアーコンダクターのアルバイトをしており、ある年の初夏、修学旅行の添乗で京都に来ていました。昼過ぎから、少しお腹が痛いなと思っていたのですが、多分消化不良だろうと軽く考えていました。ところが、夜に近付くにつれ痛みが増してきてしまい、遂に耐え切れなくなって病院に行ったところ、先生から「これは急性盲腸だよ。切らないとだめだね」と言われたのです。

京都には知り合いもおりませんし、アルバイト先の上司にはただでさえ迷惑をかけるのに、更に見舞いに来てくれたりして気を遣わせてしまうのも申し訳ないと思い、先生に、「これから何時間くらい持ちますか?」と尋ねたところ、「あと五時間くらいかな」という答えだったので、思い切って両親のいる大阪の自宅近くの病院まで行くことに決めました。

「ここで切ればいいのに」と心配顔の先生を残し、タクシーを呼んで早速大阪へ向かうべく車に乗り込み、運転手さんに事情を話して長距離運転を依頼しました。

運転手さんは時節柄、「暑くないですか? 具合悪ければすぐ言って下さい」などと大変気遣ってくれます。その気遣いに安心したのか薬が効いたのかわかりませんが、私は眠りに落ちてしまい、気がついたときには、繁華街で停車していました。

見渡すと大阪のようであり、大阪のはずれの自宅まであと一時間くらいのところまで来ていました。運転手さんはどこに行ったのだろうと思っていますと、「お客さん、大丈夫ですか？」という声とともに帰ってくるなり、「あのタクシーに乗り換えて下さい。お客さんの行く病院方面の抜け道をよく知っているので、早く着きます」と言うではありませんか。私が「それでは商売にならないのではないですか？　私はまだ大丈夫ですよ」と言うと、「病人なんですから、万が一に備えて下さい。一人で歩けますか？」と私の荷物を持って、そのタクシーのトランクに入れ、新しい運転手さんに「では、よろしくお願いします」と言い、私には「くれぐれも気をつけて下さい」と見送ってさえくれました。

その後、病院に着き、私が盲腸手術を無事終えたのは言うまでもないのですが、運転手さんにはお礼を言うこともできず、現在に至ります。この場を借りて、あのときのMタクシーの運転手さんに申し上げたいと思います。「本当にありがとうございました。二十数年たった今でも決して忘れない温かい最高のサービスでした」と。

（亀井　省吾）

033

お皿の上の婚約指輪

私がカナダのバンクーバーに留学していたころの話です。当時の私の担任教師は生まれも育ちもカナダ。その彼女が日本人である今の夫と結婚するキッカケとなった話です。

二人は付き合いだして二年。世間の雰囲気としても、結婚適齢期にさしかかり、そろそろ結婚を本気で考えはじめていました。きっと、彼が正直な気持ちを彼女へ素直に伝えれば気持ちは伝わるでしょう。しかし、世の男性なら誰もが悩むこの状況下で、彼は誰かの力を借りたいと考え、行きつけのダウンタウンにある回転寿司屋に相談したのです。

寿司屋のオーナーは彼の気持ちを汲み取り、スタッフ全員も喜んで、とあるプロジェクトを創ることになりました。

そしてプロポーズすると決めた日。

彼は彼女を馴染みの回転寿司屋へ誘います。肩の凝らない店ですし、特に特別な雰囲気も出さず彼女も気軽に応じた様子。食事が進み会話も弾んだころ、タイミングを見計らってオーナーにアイコンタクトをしました。しばらくすると突然店内にウェディングソングが流れはじめたのです。寿司屋のイメージとは懸け離れた雰囲気の中、回転寿司のラインから二人の前にとあるモノが流れてきました。それはなんと「婚約指輪」だったのです。彼は自分の目の前に流れてきた「指輪の乗ったお皿」を手に取り、彼女に英語でプロポーズ。彼女は涙を浮かべながら、彼の言葉にただただ頷いていました。

店内は大歓声となり、ほかのお客様も拍手喝采。

そして、二人を祝福するために趣向を凝らしたお皿が後からどんどん流れてきます。「おめでとう！」「お幸せに！」。お皿にお祝いのカードが載っていて、ほかのお客様も幸せを分けてもらおうと、カード付きのお皿を手に取ってお寿司を頬張ります。

この出来事は、地元のコミュニティ紙に取り上げられ、「サムライジャパニーズ・愛の告白」というタイトルで紹介されました。紙面の中で彼女はこう話しています。「幼い頃の私が将来、まさかお寿司屋さんで結婚を決断するとは想像もしなかったでしょうね。生涯の思い出に残る演出をしてくれた、彼と日本人のスタッフの方々の心温かい演出に感謝しています」。

（口村 健太郎）

034 かけがえのないクリーニング屋さん

現在、私は千葉県松戸市に居住していますが、単身で生活していることもあり、ワイシャツやスーツ、コートなどの洗濯にはクリーニング店を利用しています。住居の周りにはクリーニング店が数店舗存在しますが、私はあるお店を決まって利用するようにしています。

クリーニング店を選ぶ際には、一般的にサービスにほぼ問題がなければ、価格の安いところを選択することが多いと思います。しかし、そのクリーニング店のサービス価格は、周辺の他のクリーニング店より、むしろやや高めの値段が設定されています。それでも、私がこのお店を利用するのは、店主の柔らかい物腰の人柄に惹かれたのと、依頼したクリーニング品に対して細やかなところまで気を遣ってくれるためです。

まず、店主はちゃんと顧客一人一人の名前を憶えてくれており、入店時には元気な声で「橋村さん、こんにちは」と、気持ちの良い挨拶をしてくれます。肝心のサービスについても、依頼した品を一つ一つ丁寧にクリーニングし、アイロン掛けしてくれるのはもちろんのこと、予定より早く仕上がった品があった場合は、その都度「仕上がっている品がありますよ」と親切に声をかけてくれます。

また、これらのように基本的なこと以外にも、ワイシャツのボタンが取れそうになっていた場合には、そのボタンを付け直してくれ、そうしたことを店主に伝えても、「お代は結構です」と、無償でサービスしてくれたり、あるときなどは、セールで購入したジーンズが裾上げできなくて困っていると相談してみると、「うちでもできますよ」と快く引き受けてくれたりもします。

このように、クリーニング以外のサービスも万全にしてくれるため、今となっては他のクリーニング店を利用することは、もはや考えられなくなってしまいました。私が現在の居住地から遠く離れたところに引っ越さない限りは、今後もそのクリーニング店を利用し続けることでしょう。

（橋村 年浩）

035 高齢者が活躍するハンバーガー店

五反田駅東口を出てすぐのところに素晴らしいハンバーガー店があります。約五十名のスタッフの五分の一が六十代以上の高齢者の方（七十代も含む）なのです。平日の二一時ごろお店へ足を運ぶと、そのときもやはり素敵なおじいさんが「いらっしゃいませ」と笑顔で迎えてくれました。

レジでオーダーを受けてくれたのは、二十代前半の若い店員さんでした。

私は「オススメのものはなんですか？」と尋ねてみました。彼の言葉は「お嫌いなものはありますか？」。ファストフード店でそのような接客を受けたのは初めてだったのでびっくりしました。「私のことを聞いてもらえた」と気分が良くなった私は彼に、「スタッフの方の内、何名くらいがご高齢の方なのですか？」と質問してみました。

すると、彼は質問に答えられなかったのです。聞いてみると、彼はアルバイトを始めて二週間しかたっていないと言うのです。彼の笑顔、サービス、商品知識、どれをとっても素晴らしかったので、とても驚きました。更に驚いたことに、このお店では接客の厳しいトレーニングは特に行われていないとのことでした。お店の雰囲気から自然と学び、そうなるというのです。

折角なので、高齢者の方のお話も直接聞いてみたいと思い、思い切って話しかけてみることにしました。その方はこちらのお店で働きはじめて七年目とのことでした。

「定年もないし、家にいてもすることはないし、この仕事を辞めたら生活のリズムが崩れてしまう。働いていて毎日が楽しいよ」とおっしゃいました。

高齢者の方を戦力として取り入れる。素晴らしいお店ではないでしょうか。この空気感・雰囲気は、確実にこのお店にしかない武器ですし、確実に彼らが創り上げているものだと感じました。こちらのお店で働く方々が、みんなが快適に過ごせる空間を創り上げているのだと実感しました。先ほどのスタッフもそうでしたが、自然に教わる環境ができているようです。

この日は、マニュアルを超えた接客が感動を生むことを実感した日でした。

心が少し温かくなる、都会の中の癒しとも言える、五反田のMバーガーに来店されてみてはいかがでしょうか。

（坂田 健）

036 理髪店の店主が絶対に話題にしないこと

私が住んでいる近所に、脱サラして理髪店を始めて二十年になる店主一人だけの小さなお店があります。話好きでモノ知りの店主は、とにかく話が面白いのです。

白髪が出てきたので聞いてみると、「大丈夫ですよ。でも、気になるんだったら、ぼかしもできますから」との返答ですが、その日はなぜか会話が展開しません。不思議に思い、「いつも乗る話とそうでない話があるけど、何かあるの？」と聞いてみました。

すると、その店主が教わった理髪店の親方から厳しく言われたことを忠実に守っているとのことでした。理髪店をやっていて、お客様と会話をする際、絶対に言ってはならない言葉、つまり、禁句があると言うのです。

その一　頭が薄くなったね、といった話題

お客様自身が「ピッカピッカになっちゃった！」と言ってきても、絶対に話を展開してはいけない。本人が言う分にはいいが、他人から言われたら良い気はしない。

その二　太ったね、やせたね、といった身体的な話題

お客様から言われても、「がっちりした」とか「スマートになったね」といった表現に

直して話していく必要がある。もし、病気だとしたら、お客様も良い気がしない。

その三　十六歳以上の子どもの話題

中学校までは義務教育だが、それ以上は、学校へ行かれる方もそうでない方もいて、進学されていない方の親御さんで、気にされる方もいるので触れてはならない。

その四　結婚、離婚の話題

晩婚で結婚しておらず、結婚されたが離婚しているケースもあるので、サービス提供側から触れる話題ではない。

その五　政治の話題

自民党がどうだ、民主党がどうだ、といったことは、サービス業ではご法度。お客様がどの政党に所属していたり、支持されているかわからない。

以上のようなことを教えていただいて、長年、通っていて、毎回、気分良く散髪できる理由がわかったような気がします。

ちょっとした言葉遣いに配慮することが、結局は、大きな信頼・信用につながっていくのだと実感した一時間でした。

（藤井　正隆）

037 仲良し夫婦のお客様

高部様ご夫妻はお二人とも、とても当店（T）のファンでいて下さるお客様です。店内が混み合っているときも「たくさんの人がT店のファンで嬉しいよ」と言って下さり、お待たせしていることを責めることもなく、嬉しい言葉を掛けて下さいます。

いつもお二人はとても仲良く来店され、私達に元気を下さいます。しかし、最近はご主人が足の手術をされたので、愛車を手放し、自転車に乗って交代でのご来店という形になりました。それでもご主人がいらっしゃれば「この間、奥様が来られたときに……」と話し、奥様がご来店のときにはご主人のお話をしたくなってしまうほど素敵なご夫婦です。

今年は奥様のお気に入りのお菓子「あんじぇんぬ」の販売が遅れたため、ご主人がご来店の折には「あれの好きなお菓子はまだかな？」「いつごろ入るかな？」と心待ちにされていました。入荷の遅れをお詫びしても、「じゃあ、楽しみに待っているよ」と優しく言って下さる方です。

ある日、私が他のお客様の接客中に奥様がそっと横の入り口から入店され、売り場を見て誰にも声をかけずに帰られました。お声かけもできず気に病んでいた数日後に、あんじぇんぬの販売となりました。

その後、奥様が来店され、あんじぇんぬをかごに入れてレジに来られたとき、「先日は、お声もかけられず申し訳ありませんでした。あのとき、あんじぇんぬをお探しでしたか」と伺うと、「そうなの。いつもみなさんが気を遣ってくれるから確認だけして帰ってしまいました。やっと買えて嬉しいです」と喜んで下さいました。

あんじぇんぬを販売できるまで時間がかかったことをお詫びしても、「おたくのお菓子はどれもおいしいけど、やっぱりあんじぇんぬが食べたくって」と全く責めることもなく、「また、寄らせていただきます」と笑顔でご主人の好きな塩豆大福と一緒に購入され、自転車で帰られました。本当に素敵な、心温かくなるお客様です。

その後ご主人が来店されたとき、奥様があんじぇんぬを買えて喜んでおられたこと、あんじぇんぬは以前よりパリッとおいしくなったと言って下さったことを伺いました。最後にご主人は、「元気なうちはここに通うからね」と私達に温かい言葉を掛けて下さいました。

お気持ちに少しでもお応えできるように、いつでも元気な笑顔でお迎えし、感謝の気持ちを伝えていきたいと思う出来事でした。

（平松 きよ子）

038 駅員さんの感動サービス

新幹線をはじめＪＲを利用する際には、ほとんどＪＲ武蔵野線・北朝霞駅の「みどりの窓口」を利用することに決めています。

新幹線の乗車券も自販機で購入できる時代です。品川駅など大きなターミナル駅では、傍らに航空会社のサービスのようにアテンダントが控えてくれて、声をかけると親切に対応してくれます。それでも私はほとんど北朝霞駅以外では切符購入をしたことがありません。できる限りこの駅で乗車券は往復で購入しています。

自動発券機を使おうとするとドキドキしてしまうのです。操作が不慣れで、後ろに並んでいる人に「なんてのろまな奴だ！」と思われそうであせってしまい、かえって時間がかかってしまうのです。視力に問題を抱えていることも大きな理由です。

私が利用する北朝霞駅のみどりの窓口は、駅員が二人しかいない小さな窓口です。それでもこの駅では、担当者がダイヤ表を小脇に抱えて、並んでいる人ににこやかに声をかけてくれます。「どこへ行かれるのですか、切符購入のお手伝いをさせていただきます」。乗車日、乗車予定時間、目的地、片道か往復か、自由席か指定席か、人数など利用者の目線で相談に乗ってくれ、一番適切な経路や乗り換え時間などてきぱきとメモを取って渡してくれます。順番が来た際、窓口に渡すだけで済むようにしてくれるのです。その分だけ窓口で相談する手間が省けて、切符を手にするまでの時間が大幅に短縮されます。先に自動発券機が空けば誘導もしてくれます。

「どこの駅でも同じサービスをするのですか」と尋ねると、「この管内だけです」とニッコリ笑顔で答えてくれました。どんな複雑な路線や時間帯も、プロとして、最適・最短、そしてリーズナブルな路線・時間を瞬時に丁寧に答えてくれます。

六十五歳以上に参加資格がある「ジパング倶楽部」の特典は往復二〇〇キロメートル以上ですが、二〇〇キロメートルの境界にある駅までの際には、懸命に適応できるルートを探してくれて、無事三〇%引きの割引を受けることができました。

近距離用切符自販機を掃除しているのを見たことがありますか。ここの駅では駅員が一台一台アルコール消毒を時間をかけて丁寧に行っているのです。もちろんJRのどの駅でも親切に顧客サービスを提供してくれます。しかし、どの駅が一番好きですかと聞かれれば、「優しさ溢れる、北朝霞の駅が一番です」と答えます。

（野口 具秋）

039 買物より良いおまけ

学友のK君に誘われて、大学院生として通っているH大学の生協に行きました。大学のグッズを購入するためです。

古い校舎の地下一階に下りるとほとんどのお店がシャッターを閉めており、はたして目的のお店は、片付けも済み最後の一枚のシャッターが半分開いている状態でした。見てみるとショーケースやワゴンなどが整然と店内にしまわれていました。授業の都合で土曜日しか来られない我々にとって、授業前のこの時間しか来ることができません。

シャッターの隙間から見える範囲で買物ができれば十分と思い、「買物させてもらっていいですか？」とあきらめ半分で訊いてみると、二人のおばちゃんは「いいよ、いいよ」と言ってくれました。これだけ片付いている状態なのでちょっと悪い気もしていましたが、チャンスの少ない我々なので甘えさせてもらうことにしました。覗き込んでいろいろなH大学グッズを見ていると、おばちゃん達は折角閉めたシャッターを半分の高さまで次々と開けていきます。お礼を言いながらあれやこれや選んでいると、更に、「頭をぶつけるといけないから全部開けちゃおうか！」とシャッターをどんどん全開にしていきます。

「大丈夫です。見れますから」と言ってもおばちゃん達は聞いてくれません。しまいには、店内に詰め込まれたショーケースやワゴンまで外に出しはじめました。

買物中も、おばちゃん達は嫌な顔一つせずに、あれこれ気遣ってくれます。我々は感激し、感謝の気持ちで一杯でした。「ありがとうございます」「すみません」と何度も言いながら選んでいき、本当は三百円ぐらいのものを一つだけ買おうと思っていたところを、結局三千円以上の買物をしていました。K君はどうやらその倍は買っていたようです。会計を済ませて、これまた丁寧に袋詰めしてくれた商品を貰うと、K君が「片付けを手伝おう」と提案してくれました。もちろん快諾し、ワゴンをしまうのを手伝おうとすると、おばちゃん達は「いいから、いいから」と手伝わせてくれません。それでも「手伝わせて下さい」と言うと「しまう順番があるから、いいよ！」と笑顔できっぱり断られてしまいました。申し訳ないと思いながらも、最初に見たショーケースなどの整然と収納された店内を思い出し、ごもっともと思いながらお礼を言ってお店を後にしました。購入したグッズと、それ以上のおまけをもらったような良い気分でした。

（井上竜一郎）

040 二つの贈り物

誕生日に知人から自宅にお花を贈って（送って）いただいたときのことです。私が家にいなかったため、当日受け取ることができませんでした。

ポストに入れられていた不在票を見て、「電話をしないと……」と思っていました。

送ってくれた方に申し訳ない気持ちで一杯で次の日を迎えましたが、こちらから電話をする前の朝九時にお花屋さんから携帯電話に電話が来ました。不在票の住所を見ると近所のお花屋さんでした。

「何時でしたら、いらっしゃいますか？」という電話でしたが、私はその日もお花屋さんの営業時間一九時までには帰れず遅くなる旨を伝えると、「何時でもお届けにあがります」という返事が返ってきたのです、驚いた私はどちらにしても日付が変わる前には帰れないと伝えると、「では作り直してお休みの日にお届けします」と言うのです。早く受け取らないと送り主に「ありがとう」と伝えられないと思った私は、宅配ボックスに入れておいてほしいと伝えたのですが「宅配ボックスに入れて花が萎れてしまうといけませんから」と言うのです。それでは申し訳ないと思い、出先から一度自宅に帰ることにし、だいたいの到着時間、私のほうが遅ければ少しの時間だけなので宅配ボックスに入れておいて下さいということを伝え、急いで受け取りに帰りました。しかし、交通渋滞で、伝えた時間よりも三十分も遅れてしまったのです。

宅配ボックスに入れてあるだろうと思っている私は、駐車場から電話をしながら歩いて行くと、そこにはお花を持って、暑い中じっと立ったままのお花屋さんが待っていてくれたのでした。

あまりに驚いた私は、最初にかけた言葉を覚えていないくらいです。

お花を受け取ると、「お逢いしてお渡しできてよかったです」と素敵な笑顔で言ってくれました。

おかげで、お花の送り主からとお花屋さんからと同時に二つの温かい心も一緒にプレゼントしてもらったように思い、とても嬉しかったです。

受け取ったお花のセンスも良く、とても素敵だったので、それまでそのお花屋さんとはご縁がありませんでしたが、今後はお花を使うときはもちろんこのお花屋さんにしようと決めたのでした。

（清水 洋美）

041

ふわふわパンの缶詰で世界を救いたい

栃木県那須塩原市に、パン・アキモトという小さなパン屋さんがあります。この普通のパン屋さんが、東日本大震災の被災地支援のために、「パンの缶詰」を無償で送り続けているということを知り、訪問しました。

驚くことにこの缶詰は、開けると焼き立てのパンの香りが漂い、しっとりした本当においしそうなパンが出てくるのです。一かけ口に入れると、予想を絶するおいしさです。いつでもおいしいパンを食べられるよう開発したのが、パン・アキモト社長の秋元義彦さんだったのです。

秋元社長は、阪神淡路大震災の際、「焼き立てのパン」を被災地に届けましたが、日持ちがしないパンは、食べてもらえるどころか、カビの生えてしまったゴミとして、無残にも捨てられるという苦い経験がありました。ここから、パンの缶詰への挑戦が始まり、被災地や途上国の飢餓に苦しむ人達のために「長期保存が可能で、しっとりしたパン」を作るという決意が生まれたのです。それは壮絶な戦いで、一時は本業のパン屋さんの経営が苦しくなり事業そのものの存続が危ぶまれることもありましたが、秋元社長の心優しい取り組みに周囲の支えもあり、研究に研究を重ね続けた結果、日本、アメリカ、中国、台湾で特許取得に成功したのです。

そして、そのパンの缶詰が、いつか来るであろう自然災害や非常事態の備えとして、企業や一般家庭に非常食のカンパンのように備蓄品として普及するよう取り組みを進めていました。三年間の長期保存が可能なパンの缶詰を、企業や家庭の災害備蓄用食料として普及させるとともに、二年間で下取り回収して、残りの一年間の賞味期限で、途上国の飢餓に苦しむ子ども達へ、回収したパンの缶詰を送る運動を続けているのです。

そんなときに起きてしまった東日本大震災。秋元社長は、すぐさま被災地支援のために無償で自社商品のパンの缶詰を送り続けましたが、その活動を聞きつけた中小企業の仲間やパンの缶詰を備蓄している日本中の企業や一般家庭から、二年間の備蓄期間の満了を待たずに、「このパンをぜひ、被災者の方へ送って下さい」と激励の言葉と缶詰が秋元社長に送り戻されたのです。そして、その集められたパンの缶詰は被災された方々のお腹を満たしただけでなく、送ってくれた人々の思いがパンを食べた人の心をも満たしたのでした。

（中村 大作）

042 ワインの楽しみ方を広げてくれたお店

一年ほど前から長野に出張することが増えました。出張の際には、地元の人からとても温かいおもてなしを受け、いつも気持ちよく仕事をすることができています。また、おいしいお蕎麦屋さんやおやきのお店などにも連れて行ってもらい、最近はお気に入りのお店もできて楽しさ倍増です。

長野駅前にあるワイン屋さんもお気に入りのお店の一つです。宿泊先のホテルでおいしいワインを飲んで寛ぎたいな、と思ってお店に立ち寄ったことがきっかけでした。

おいしそうなワインはほとんどフルボトルで、なんとか見つけたハーフサイズの赤ワインはコルク栓でした。コルク栓を開けることはあまり得意ではないし、ビジネスホテルだからソムリエナイフがないかもしれない。あきらめるかな……。しばらく悩んでいると、店長が「何かお悩みでしょうか？」と救いの手を差し伸べてくれました。

私が悩んでいた理由を話すと、「それなら、ここで開けていけばいいですよ。ホテルに着くのは何時頃ですか？　今から開けておいて少し時間がたつと更においしくなると思いますし、栓を蓋にして、倒れないようにそっと持っていけば大丈夫。おいしいワインが飲めますよ」。私はその夜、ホテルでゆっくりとおいしいワインを楽しむことができました。

同行者がいる出張の日のことでした。聞いてみるとその方はスパークリングワインがとても好きだということで、しばらくお酒の話で盛り上がりました。その日は日帰り出張のため、新幹線の時間まであまり余裕はありませんでしたが、私はどうしてもそのワイン屋さんに連れて行きたくなり二人で訪れました。二人で手にとって、いろいろと見比べていると、店長がおすすめのスパークリングワインを紹介してくれました。

そのスパークリングワインは適度に冷えてとてもおいしそうでしたが、今回はホテルに宿泊しないので飲む場所がありません。お店で飲むわけにはいかないし、新幹線の中で飲むとしても紙コップじゃ味気ないだろうし……。

私は最初にお店に訪れたときのように、しばらく固まっていたのでしょう。「何か迷っているのですか？」と、あのときと同じように店長が声をかけてくれました。迷っている理由を伝えると、店長はしばらく思案した後にお店の奥へ行き、「これだったらどうですか？」とプラスチック製のワイングラスを手渡してくれました。

小さくて軽いけど、ちゃんとワイングラスの形をしています。このワイングラスなら、スパークリングワインをおいしく飲むことができそうです。店長の温かい心遣いによって、私達は新幹線の中でとても楽しい時間を過ごすことができました。

今では、長野へ行くたびにこのワイン屋さんを訪れています。店長が、ワインに関する知識やその時々の状況に合った飲み方をわかりやすく教えてくれるので、ワインの楽しみ方が随分広がりました。苦痛だった帰りの新幹線はワインを楽しむ場所に変わり、店長は、帰りの新幹線用にと「ワイングラスのキープ」までしてくれています。

長野に出張したときは、気持ちが穏やかになることもあり、仕事の質が上がっているような感じがしています。心温まるおもてなしは、相手の仕事の質まで変えてしまう力があるということなのでしょう。

（徳丸 史郎）

043 北関東で「母の日」に起きる不思議な現象

茨城県古河市に本社があり、北関東を中心に和食ファミリーレストランを六十店舗経営している株式会社坂東太郎というユニークな社名の会社があります。掲げる経営理念がまた強烈です。社是はなんと「親孝行」です。

青谷洋治社長は、この理念の意味をこう説明しています。

「ここでいう『親』とは、上司、先輩、親などお世話になった人すべてを指します。また『孝』は相手に理解していただくまで誠心誠意人に尽くすこと、『行』は自らの行動で実行し続けること」

感謝の大切さ、与えること、そして主体的な行動という、理念経営に必要不可欠で重要な心構えを、わかりやすく、かつインパクトをもって説いていて、なかなか見事な意味付けだと感心します。

この経営理念が浸透している同社のお店では、感動的な話が毎日のように起きています。各店舗には割烹着姿でホールを取り仕切り、お客様のおもてなしをする「女将さん」と言われる社員がいます。女将さんというと客単価三千円から五千円くらいの高級飲食店にいるというイメージが一般的です。しかし、中堅価格帯のいわゆるファミリーレストランであるにもかかわらず、「ばんどう太郎」店では、なくてはならない存在となっています。同社では、この「女将さん」制度を導入後、リピーター率が格段に増えたと言います。わざわざ女将さんに会いに来るというお客様は少なくないのです。

こんなエピソードがあります。その日、久々にお店にお見えになったご家族連れのお客様がいらっしゃいました。女将さんは、そのお客様のことをよく覚えていて、いつもならいる方がいないことに気づきます。その女将さんは「いらっしゃいませ、今日はお婆ちゃんのお姿が見えないですね」と笑顔で接客をします。

ああ、私達のことを覚えてくれているんだと感心した家族の一人が、ぼそりと、「実は、母は先日亡くなったのです。今日は兄達と思い出を話し合うため立ち寄ったのです」と告げました。お亡くなりになっているとは思いもしなかった女将さんは、「あら……」と絶句し、涙を一杯にして家族を哀悼の表情でじっと見つめていたそうです。

このご家族は、以前からお婆さんの介護をしていましたが、外食好きなお婆さんのために時々、この店で食事をしていたと言います。二年ほど前からお婆さんは体が弱り外出がままならなくなり、店にも足が遠のいていたとのことです。

そしてその日、家族みんなでお婆さんの思い出を語らい食事も済んだころでした。女将さんが綺麗に仕上げた包みをその家族のテーブルに持ってきて、そっと言葉を添えました。「お婆ちゃんが好きだったミニ天丼を折にしました。ぜひ、お供えをして下さい」思いもかけない女将の気遣いに家族達は言葉を失い、お婆ちゃんが大好きだったその品を見て、やがて込み上げてくるものを抑えられなくなりました。二年ぶりの来店にもかかわらず、母親の好物を覚えていてくれて、ここまで心を寄せてくれたのです。

こんな歓待を受けたお客様は、すっかりお店の虜になっていきます。後日、この家族から「母にとって最上の供養となったと信じています」と感謝の手紙が届きました。

北関東では毎年、母の日になると不思議な現象が起きます。それは、ばんどう太郎のお店だけがやたらに繁盛し、近隣の他店は閑古鳥が鳴くという光景です。

その日だけはお母さんをこの店に連れて行きたい、そんな親孝行の花を咲かせ続けている素敵なお店があるのです。

（小林 秀司）

044

ハンディ18の名医

二十八歳のとき、会社の定期検診で肝臓に異常値が見つかり、病院で再検査になりました。会社の指示通り病院に行き、血液検査を受けると、C型肝炎であると診断されました。最初、事の重大性をよく理解していませんでしたが、その後、医師の話を聞き、医学書を読むなどをしている内に、徐々に暗い気持ちにならざるを得ませんでした。

なぜなら、二十年で肝硬変、三十年で肝ガンに確実に進むウイルス性の肝炎であり、確立された治療手段もなかったからです。二十年以上前は、まだ、ウイルスが発見されてから日も浅く、C型肝炎を非A非B肝炎と書いてある医学書も多いころで、インターフェロン治療の試みも始まっていました。

しかし、多額の医療費と六か月もの投薬期間が必要で、仕事を休まざるを得ないことに加え、激しい副作用もあり、かつ治る確率が一割と、先が見えない状況でした。

そのため、肝炎を治すというよりも、できるだけ悪くなるのを遅くするための週三回の静脈注射と漢方薬を飲む毎日が約十年間続きました。

また、他の方に迷惑をかけてはいけないと正直に話すと、感染すると誤解され差別的な扱いを受けたこともあります。例えば、歯医者に行き、C型肝炎のことを話すと「態勢が整っていませんので」と断るところもあり、割と楽天的な性格の私でも、時々、落ち込むこともありました。

それでも、何とか事態を好転させなくてはならないと考え、診察を受けた病院からの紹介を繰り返した末、局面を打開してくれる医師に出会ったのです。

京橋三條クリニックの三條先生です。京橋三條クリニックは、東京駅から徒歩五分ほどの雑居ビルの一室にある小さなクリニックです。しかし、院長の三條先生は、元々は東大病院の部長であり、肝臓病の権威で、学会でも多くの発表をされている実績のある方で、クリニックには論文や賞状が数多くありました。

三條先生は、診察のほかに東大病院へ手術に出かける等で多忙を極めていましたが、とても気さくな方で、いつも、じっくり私の話を聞き、「大丈夫、五十年持てば寿命が来て、きっと肝臓病が悪くなる前に、ほかの原因で死ぬことになるから」と不安を和らげるようなお話をしてくれました。

また、週に三回の静脈注射を打つ通院でも、病院の診察時間外でも柔軟に対応していただき、仕事に支障をきたすことなく静脈注射を続けることができました。

そんなある日、三條先生から私にお話がありました。

「インターフェロンに挑戦してみませんか？　もし治ったら、週三回の通院から解放されますよ」と言うのです。

私は、C型肝炎が完治することが難しいことを知っていましたので戸惑いました。

すると「私は、肝臓病の治療では、ゴルフで言ったらハンディ18だけど、プロに紹介状を書くから」と言い、ソフトバンクの孫正義さんの肝炎も治した実績がある虎の門病院の熊田先生を紹介していただきました。

そして、治療に当たり、当時難病と言われたC型肝炎ウイルスの除去に成功したのです。

病気が治ったことも嬉しく思いましたが、通院していた際、いつも前向きなお話で、明るい気持ちにさせてくれたことを、いつまでも忘れられません。

三條先生にお会いして、「本当の名医とは、身体だけでなく、心を前向きにしてくれる医師である」と心から思いました。


（藤井　正隆）

045 距離を忘れさせるサービス

魚釣りの師匠から紹介され、岐阜県恵那市でご夫婦で経営されているYというメガネ店に行きました。自宅から高速道路を使い一時間三十分ほどかかりますが、師匠が絶賛していたので見るだけでもと行ってみることにしたのです。

安心できるメガネ店を探した理由は、偏光レンズのサングラスは、いい加減なメガネ店に頼むとレンズにひずみができて性能が発揮できず、肝心の川底がちゃんと見えないからです。

お店でサングラスの相談をしていたら、そのときしていたメガネの話になりました。実はレンズにだいぶ傷がつき、度も合わなくなっていたのです。

レンズと視力の検査をしてもらうと、今までのメガネ店にはない、本当に丁寧な検査でした。結果は「片目だけ視力にレンズが合っていませんね」とのことでした。メガネをかけたときの目の中心とレンズの中心もずれていました。以前にメガネを購入したときのような、簡易な手抜き検査ではズレが出てしまうらしいのです。「度を強くするのではなく、合わせるだけで視力が上がりますよ」との話でとても安心できました。

お店まで遠いのが気になってはいましたが、このお店の素晴らしい安心感から、サングラスとともに新しいメガネを作ってもらうことにしました。

じっくり相談に乗っていただきながら、やっと一つフレームの候補が決まりました。しかし、残念なことにレンズの形が気に入りませんでした。「今しているメガネのレンズの形になるといいんですけどね」と無理な提案をしてみると、店主は少し考えてから「普通はできないのですが、面白そうだからやってみましょう！」と話に乗ってくれました。店頭のメガネフレームについているダミーレンズはフレームの微妙な曲線に合わせて作ってあり、実際のレンズを削る際の雛型になります。それがない状態で果たしてできるのか、と考えているといると「うまく行くかわからないから、いろいろやってみるのでちょっと時間を下さい」ということで、その日はお店を後にしました。

後日、できあがった偏光サングラスを取りにメガネ店に行くと、「頑張ってやってみたら、なんとかできそうです！」と笑顔で話す店長さんの手には、苦労の跡が見られる試作したようなメガネ用レンズがありました。レンズ周辺が多少でこぼこしてはいるが、本物（売り物）のレンズだし仕上げれば支障はなさそうに見えたので、それをそのまま使うとばかり思っていました。更に後日、できあがったとの連絡をもらったのでお店に行くと、気に入った新しいフレームに、見慣れた形のレンズが違和感なくピッタリはまっています。フレームのフィッティングも恐ろしく丁寧で、まさに顔の一部になるまで徹底的に調整してくれました。最高の気分で、ここで頼んで良かったなぁと心底思いました。更には、お会計のとき、レンズの代金が一枚分少ないことに気づきました。私は試作してもらったレンズの分も支払うつもりでいたのです。しかし、「こちらの勉強代だから、要りませんよ！」と優しくきっぱりと断られました。近眼の度が強い私に合わせたレンズは決して安いものではないはずです。

その後、そのお店に何度も通い、いくつもメガネを作りに行きました。今振り返ると、いったい何往復したことかと自分で驚きます。移動に苦痛を感じるどころか、毎回楽しみでわくわくしていました。人を惹きつける良いサービスは距離を忘れさせるようです。

（井上竜一郎）

046 人とのつながりを感じさせるのが本当のサービス

高校生のころ、私は親元を離れ、愛媛県松山市に下宿していました。県外生が多数を占める高校だったため、下宿と言っても同じ高校の仲間と一緒でしたので、そんなに孤独感のないものでしたが、住み慣れた大阪が恋しくなるときも多く、当初、松山に馴染めない時期がありました。

全国から志願者が来る私立高校だったせいか、何か町自体によそ者扱いされている気がして、居心地が何となく悪いような、大阪のようにここが自分の場所だという感じがしないというか、そういう一言では言い表せない状態が何か月か続き、風邪を拗らせて二週間ほど床に就き、久し振りに学生服をクリーニングに出しに行ったある日のことです。

そのクリーニング店は下宿近くにあり、毎月何回か洗濯物をお願いしていたのですが、気さくなおばさんが、いつも外れたボタンをつけてくれたり、時には、「しっかり勉強しないと親が泣くわよ」と説教してくれたりと、面白いので私達の仲間はいつもその店に洗濯物をお願いしていました。

店に入るなり、「あんた大丈夫なの？　体壊したの？　心配してたんよ」。おばさんが、本当に心配そうに声をかけてくれました。親元を離れた土地でそんな言葉をかけられたのは久しぶりで、何か家に帰ったような温かい空気を感じ、そのとき、この土地に少し根が生えたような気がしたものです。

卒業式を控えたある日、クリーニングに出した学生服を引き取りに行ったときには、「卒業できて良かったね。東京の大学行っても遊んでばかりじゃだめよ。たまには帰って来なさいよ」と辛口の贈る言葉も頂きました。

あれから三十年近くたちますが、未だにそのとき感じた安心感のようなものは忘れられません。今では松山が第二の故郷のように思い出されます。コンビニ生活に慣れた現代、この店のような、サービスを超えた人間的なつながり、地域とのつながり、これこそが究極のサービスだったのではないかなと思い出されます。

（亀井 省吾）

047 店長の人柄が伝わる居酒屋

東京郊外にあるJR秋川駅前の居酒屋激戦区、ここにY居酒屋があります。価格が安いわけではなく、味も飛び抜けてうまいわけではありませんが、他の居酒屋を後目に大繁盛しています。

その繁盛の理由は店長のSさん自身にあります。店には「この人に幸せになってもらおうと思う気持ちがあなたの魅力になりますよ」と書かれた額が飾られています。お客様が喜び、幸せを感じてもらうことをしたいというS店長の思いが現れています。そして、その実践が人気を生んでいるのです。

ある日、夜七時から宴会をしたときのこと。店は満席でオーダーがピークに達していました。乾杯用の生ビールがなかなか揃わなくて、宴会参加者は少しイラッとした感がありました。その後、ようやく生ビールが配膳されて宴会はスタートしました。

しばらくすると、頼んでもいない生ビールがピッチャーで運ばれてきました。「先程は生ビールをお出しするのが遅くなってしまい申し訳ございません。これはサービスです！」と。参加者はS店長の気遣いに感激。乾杯のときの不満は一掃されてしまいました。

また、S店長の思いはこのようなことにも表れています。東日本大震災の直後から「東北地方の経済、少しでも助けよう！」という大きな垂れ幕を店外に掲げ、東北地方の日本酒キャンペーンを行っています。そして、ただ単に東北の酒を拡販するだけではなく、感動を与える注ぎ方をしてくれるのです。

日本酒を注ぐ器は、グラスと枡と皿の三段重ねで配膳されてきます。目の前で、その器に一升ビンから日本酒を注ぐのですが、お酒はグラスから枡にこぼれ、更に枡から下の皿にこぼれ、皿からテーブルへこぼれ落ちそうなくらい目一杯入ったところでストップ。このギリギリ加減と目一杯注ごうとする気持ちが感動を味わわせてくれるのです。

S店長は、お気に入りの格言を手書きし、トイレの壁に貼っています。「あなたの笑顔は人も自分も助けるよ」「あなたにとって今が修行のときです。笑顔で乗り越えましょう」など、S店長が共感した言葉の数々です。決してうまい字ではありませんが、S店長の人柄や思いが伝わってきます。

このようなS店長の思いを感じながら食事をし、お酒が飲めることで喜びを味わっています。いつも気持ち良く飲ませてもらっているS店長に感謝！

（岡野　哲史）

048 可愛いお客様からの葉書

先日、小学校三～四年生くらいの女の子が、自転車に乗って一人でお店に来てくれました。その子はケーキケースの前で他の大人のお客様と一緒にケーキを選んでいました。

そして、ずっと迷っているように見えました。私は女の子の目線に合わせるよう腰をかがめ、「今日は一人で来たの？　何を探しているの？」と声をかけました。

女の子はお母さんから頼まれ、一生懸命にロールケーキを探していたのです。でも、ケーキケースの中のロールケーキが目に入らず困っていました。

そしてお財布の中から満了のふれあいカード二枚と二千円のお金を出し、「これで、ロールケーキを買えるだけ買ってきてほしいと頼まれたの。いくつロールケーキを買えますか？」と話してくれました。お店には丸ごとイチゴロールというロールケーキが五本並んでいました。一本千円のロールケーキです。私が「このロールケーキなら三本買えますよ」と言うと、女の子はにっこり笑ってロールケーキを買いました。

その後、自転車のところまで一緒にお話をしながら行きました。

箱が大きく自転車のかごには入らず、また自転車も女の子の体に合わせた小さなものでしたので、それを見た私は、女の子が無事に家まで帰れるのかとても心配になりました。家までの距離を聞くと二キロメートル以上離れているということだったので、更に心配になり何度も「大丈夫？　帰れる？」と聞いてしまいました。

女の子は「大丈夫だよ。お姉ちゃん心配しないで。私、自転車には自信があるもの」と言って自転車をこぎ出していきました。

私はそれでも心配で、近くの信号を渡れるだろうかと、渡り終わるまでずっと見守っていました。その日はずっとその女の子のことが気になって家に帰っても心配していました。

後日、その女の子からお店に葉書が届きました。

「私がケーキを買いに行ったときは、すごく優しくしてくれて、とっても嬉しかったです。また、お姉ちゃんに会いに行きたいです」と大変嬉しい言葉が書かれていました。

あの女の子を思う気持ちが伝わっていたことを知り、心がワクワク嬉しくなりました。

これからの仕事の「力」になりました。また、あの女の子がお菓子を買いに来てくれるのを楽しみにしています。

（平松 きよ子）

049 経営理念は「共存共栄」

ここに一通のサンキューレターがあります。差出人の職業はファッションアドバイザーの指導者で、仕事柄、奥様のお買物に同行し多くの店舗を見て歩いている人物です。

この専門家が、ある店長のお客様の立場に立った接客に感動し、この店長が異動になった後も、毎月わざわざ遠方のお店まで足を運んでいると言います。サンキューレターには、「商品の返品と交換が生じた際にも、嫌な顔一つせず即時に気持ち良く対応してくれる」等この店長を本当のお客様満足度を満たした「販売員の鑑《かがみ》」だと褒めてくれていました。

外部の指導者までが褒めるこの従業員は、どのようにして育ったのでしょうか。

名古屋市内中心部に株式会社Mというアパレル販売会社の本社があります。東海地方に約三十店舗を有する会社ですが、今から十年ほど前、本業の経営とは無関係の事由で経営難に陥りました。何とか法的手続きの力を借りて会社の存続は決定しましたが、本業を軌道に乗せなければ復活はあり得ません。そんな中で社長に就任した三代目社長は経営に関する様々な試練に試行錯誤することになります。

そんなとき、社長の心に宿っていたものは、初代の社長が会社内で従業員と家族同様に過ごしていた「情景」でした。

「家の仏壇に従業員が手を合わせに来てくれる」、そんな温かい情景がまぶたの裏にありました。この情景を胸に、再建に協力してくれた債権者に報いるためにも、社長は「関係する皆を大切にしたい」と思い、「共存共栄」すなわち、「会社とお客様・社員・お取引先様がお互いを強く必要としあう関係を築いていきたい」と経営理念を明確に掲げました。

併せて、社長は従業員に対して「夢の実現」を大切にし、仕事を通じて自己実現してほしいと願い、社内研修で徹底的にこの思いを伝え続けました。

その結果、従業員が皆に喜んでもらえる仕事ができるようになってきたと言います。

この「共存共栄」の理念が従業員によって実践され、それが外部の専門家の目に留まって、サンキューレターとして伝えられることほど嬉しいことはありません。

一度は大変な状況に陥りましたが、社長は、逆境だからこそ経営の基本に立ち返り、従業員を大切にして時間をかけて育てる経営を選択しました。

「人こそ財だ」という、人を中心に据える経営の真価が十余年の歳月を経て花開いてきたものだと言えます。

（金森 史枝）

050 震災で透けた経営の心

平成二十三年三月十一日、宮城県沖を襲った世界最大級の地震は、被災地以外の地域にも飛び火し、日本列島全体が大打撃を被りました。観光を主幹産業とする伊豆においても例外ではありませんでした。震災直後、自粛によるキャンセルは九〇％以上、地元電鉄の間引き運転、計画停電による現場の混乱……。観光関連業者にとって、まさに経営手腕が問われる非常事態となりました。

あるホテル（AホテルとBホテル）の経営者がとった二つの行動をご紹介します。

Aホテルは昔から地元密着型で知られる純和風の大型ホテルです。オーナーのAさん（以下、Aオーナー）は震災後、全従業員を集めてミーティングを開きました。第一声は「皆さんの雇用を守ることを第一と致します」でした。その後、毎日、ミーティングは開かれました。従業員の動揺を感じ取り、一人一人に声をかけ続けました。Aオーナーはミーティングが終わると東京方面や地方都市へ飛び、営業の前線に立ち続けました。もちろん、金融機関との折衝にも当たられていました。Aホテルの従業員が、ある居酒屋でこう漏らしたそうです。「毎日、毎日、ミーティングだよ。でも、社長があんなに頑張っているんだもんな。俺は、この先ホテルがどうなろうが、諦めがつくよ。社長と心中だな」。その顔は、なぜかすっきりとしていたそうです。

Bホテルは A ホテルに比べると中堅どころと言える規模で、震災の影響もAホテルの損害には及ぶべくもありません。オーナーのBさん（以下、Bオーナー）は、日頃から「社員は宝、社員を第一に守る」と公言して憚らない方でした。しかし、Bホテルは震災の翌々日、ホテルの一時休業とリストラを決行したのです。その後、「あのホテル、危ないらしいよ」と業者が動揺するような噂がいろいろなところで立ちはじめました。元をたどれば、リストラされた社員達によって流されたものだったのです。そして、残った社員の中でも、比較的にBオーナーから厚遇されて残った社員の一人が、雇用実態に訴訟を起こして、同社を突然退社したのです。Bオーナーが、途方に暮れ、ぼそりと呟いたのは「信じていたのに……」という言葉でした。皮肉にもリストラされた社員と同じ言葉だったのです。

震災前、AオーナーもBオーナーも「社員が第一」と同じことを言っていました。

人間誰しも余裕のあるときは人に優しくなれます。震災という人智を超えた大災害の前に嘘はつけなかったのです。経営者の器も今、試されています。

（長池 直樹）

051 お客様、大変申し訳ありませんが……

私はずっと一貫して同じ航空会社を利用することにしています。その航空会社のみが発着している地域に出かける機会が多いこともありますが、他社と比較して顧客に対するサービスが高いことも理由の一つです。

私は大学時代の仲間とともに、若くして交通事故で亡くなった後輩の墓参りに行くことを毎年の行事としています。ただ、お盆の時期なので、どうしても仕事や家庭の都合により非常にタイトな日程になりがちです。このときも最終便で後輩の故郷に降り立ち、翌日に墓参りを行い、翌々日の朝に東京に戻るというものでした。今年も無事、日程を終え、帰りの便に乗るため空港に到着し、航空会社のカウンターに向かいながら大変なことに気が付きました。

搭乗券の予約も購入手続きも、急いでいて全く行っていなかったのです。時計を見るとすでに購入期限である締切時間を過ぎていました。私はすがる思いで、カウンターの中に立っている係員の女性に声をかけました。

私がしどろもどろになりながら、急ぎなのでなんとか次の便に乗りたいのだが可能かどうか質問すると、彼女は丁寧な口調で私のマイレージ番号を聞き、内線電話を頬と肩で押さえながら慣れた手つきでキーボードを叩き、空席を確認しはじめました。待っている時間は非常に長く感じられましたが、冷静になって振り返ると恐らく一、二分程度だったでしょう。ようやく彼女の口から出た言葉は次のようなものでした。

「大変申し訳ありませんが、すでにお預かり荷物の機内搬送が終了しております」

私はその瞬間、この便に乗ることを諦め、到着後の予定をすべてキャンセルする覚悟を決めました。ところが、その後に続く言葉は私が全く想像しなかったものでした。

「ですので大変申し訳ありませんが、このまま荷物をお持ちいただいてセキュリティチェックをお通りいただけないでしょうか」

唖然としている私に搭乗券を渡しながら、笑顔で更にこう付け加えました。

「係員に伝えておきましたので、搭乗口でお預け荷物をお渡し下さい。私どもが他のお客様のお預かり荷物と同じ場所にお持ちいたします」

通常であれば時間を過ぎてやってきたのは私のほうなので、締切が過ぎているという理由で断っても航空会社には非がありません。それを目の前にいる困った顧客を何とか助けようと、彼女は私の事情に配慮した最良の手続きを行ってくれたのです。

（高澤 暢）

052

今日は誕生日だっけ?

静岡県牧之原市に、少し洒落た創作居酒屋「いかりや」というお店があります。

筆者はここ数年、用事のない月曜日は毎週欠かさずこのお店へお邪魔しています。月曜日に行く理由はお客さんが少ないから静かにゆっくり飲める、お客さんの少ない日に少しでもお店の売上に貢献できれば、という単純な思いがあるからです。自分が飲みたいからと言ってしまえばそれまでですが……。

そんな月曜に飲みに来るメンバーは近所の人達など顔見知りが多くなり、地元の区長などもいて、いつも地域の活性化や地元の歴史について話しているので、ここで出たアイデアが新しい地域イベントとして立ち上がるほどです。

とある日の昼間（月曜以外）、「今日は飲みに来ない？」と店主から連絡がありました。普段はそんなことを言わない店主なので珍しいと思い理由を聞くと、「今週は月曜日に来てないから、飲みに来なよ」とのことでした。用事のあった自分は「用事が早く終われば行きます」と曖昧な返事を返しておきましたが、折角のお誘いということもあったので早々に用事を切り上げお店へ向かいました。お店に入ると、奥の部屋には地元の同友会のメンバーや地元の後輩達、他の席には地元の先輩、カウンターには知り合いが来ており、どの席にも知り合いが座っていました。

しばらく他のお客さんやバイトの子と話しながら楽しい時間を過ごしていると、突然お店の電気が全部消えて、厨房の奥から店主がロウソクに火の点いたケーキを手に持って出てきました。

他のお客さんの誰かが誕生日なのだと思っているとケーキは自分の前に置かれました。わけもわからずロウソクの火を消してケーキに乗っているプレートに書かれた字を読むと、年齢の横に「＋一か月」と書かれているではないですか。そうなのです。この日は誕生日からちょうど一か月後だったのです。突然の出来事で驚きながらお礼を言うと、

「誕生日の日が定休日だったから、今日お祝いしようと思っていたんだ。それで、今日も駄目だったら、もう一か月後に＋二か月のケーキを用意しようと思っていたんだよ」と言ってくれました。今日が駄目だったらって、用事が長引けば行けなかったし、ケーキも買ってあるのに……。結局お店に居合わせた他のお客さんにも祝ってもらいました。本当に何歳になっても誕生日を祝ってもらえるのは嬉しいものです。


（今野 剛也）

053 顧客の立場で対応する

娘の四歳の誕生日が近づいていたある日のこと、娘だけではなく、妻も喜ばせたいと思いました。日ごろの感謝を伝えたいと考えたのです。そこで、帰宅途中の渋谷の化粧品雑貨店のL店に立ち寄りました。L店は、フランス・プロヴァンスのライフスタイルを提案するコスメティックブランドで、植物原料を主原料に化粧品などを製造・販売しています。以前より良い評判は聞いており、「妻へのプレゼントを購入するのにちょうどよいだろう」という思いから足を運びました。

妻は家庭では毎日キッチンに立っているので、質の良いハンドクリームを贈ることにしました。時間もなかったので良さそうなものを選び急いでレジへ。

「直接渡すのではなく、娘の誕生日に小包が届けば、良いサプライズになるのでは?」と自宅までの郵送を頼んでみようと思いました。レジの女性の方に「五月二十二日に到着するようにお願いできますか?」と尋ねると、「本日のご購入ですと、二十三日の到着になってしまいます」とのこと。誕生日ギリギリまで買物に来なかった自分が悪いとあきらめ、「わかりました。では持ち帰ります」と答えようとしたその瞬間、「二十二日に到着しないといけませんか？」と彼女は言うのです。私は二十二日が娘の誕生日だということ、妻を驚かすために、サプライズとしてプレゼントを贈りたいということを伝えました。その場で持って帰り、娘の誕生日に手渡しすることも可能です。しかし彼女は、「わかりました。それでは二十二日にお届けさせていただきます」と笑顔で一言。

その言葉に私はビックリ。時計を見るともう午後六時。その日の配送の手続きは終わっていたものと思われます。

更に妻への手紙を用意していた私は、「手紙を同封して送っていただくことは可能でしょうか？」と尋ねました。すると、彼女はやはり笑顔で一言「大丈夫ですよ」と。私も釣られて笑顔になってしまいました。「無理ばかり言ってしまい、申し訳ありません」。そう言って、お店を出ようとする私に、「大丈夫ですよ、お気になさらずに」と最後に一言。私は素晴らしい対応に胸を躍らせてその場を後にしました。

娘の誕生日当日、自宅の呼び鈴が鳴りました。予想外の出来事に妻はビックリ。とても喜んでくれました。それ以来、大切な人への贈り物を購入する際にはそのお店を利用しようと思いました。

（坂田 健）

054
貸さぬも親切

S信用金庫在職時代、私よりも二年先輩になるN氏の話です。彼は、審査部門や不良債権を処理する管理部門が長く、その方面では金庫一の実力の持ち主でした。したがって、営業店は融資案件が彼を通るか否かが最大の課題と言っても過言ではありませんでした。

そんな彼が、支店長時代の話です。管理畑が長かった彼はいわゆる営業推進を得意としていませんでした。したがって、業績はお世辞にも良いとは言えず、数年で本部に戻されました。いわゆる融通の利かない堅物だったのです。

あるとき、A社を表敬訪問した際、社長より彼の支店長時代の話が出されました。今ではずいぶん立派になった企業ですが、開口一番に出た話です。話の中で、彼に感謝している姿がありありと見えました。

A社は、機械部品の卸を業としていて、右肩上がりのフォローの風に乗り業績も急成長し、まさに飛ぶ鳥を落とす勢いでした。そんな中、大きな商談が舞い込み、社長はメインバンクであるS信用金庫のN支店長に相談に行きました。用件はもちろん設備資金とそれに伴う増加運転資金の申し込みです。業績も良いし、二つ返事で応諾してくれるものと思っていましたが、審査の結果、返ってきた答えはノーだったのです。

社長は激怒し、「お宅が駄目ならサブバンクで申し込む」と告げたところ、N支店長は、A社の今後を考えた場合、今は借入れすべきときではないと、その理由を懇切丁寧に説明してくれたというのです。普通の支店長ならば、業績を上げる絶好のチャンスとして、融資に応諾した可能性が高い案件でしょう。それを彼は、「当金庫でも、よそさんのところでも、今借入れしては駄目」とはっきり申し伝えたのです。

確かに借入れにより資金調達をすれば、商売を大きくすることができますが、A社は財務基盤が弱く借金体質であったのです。したがって業績の良い今こそ、借入れを返済し財務基盤を強化すべきときとN支店長は判断したのです。一方で、社内体制も急成長に追いつけず、人材育成、組織基盤強化が求められていました。そして何よりも、今回の商談先は新規顧客であり、取引実績もない未知数の相手でした。

こうした点を総合判断し、N支店長はノーの判断を下したのです。社長もN支店長の熱心な説得に根負けし、新規取引開始を断ると同時に、融資を受けることはあきらめたのです。もちろん、サブバンクにも申し込みませんでした。

結局、その商談先はほどなく業績が悪化し倒産しました。もし融資を受け取引を開始していたら、A社も間違いなく連鎖倒産の憂き目にあったと社長は述懐し、N支店長に助けられたと心底感謝しているのです。

業績の悪い会社ならともかく、業績の良い会社からの融資申し込みを断ることは大変勇気のいることです。お客さんから喜ばれ、かつ支店の業績向上にもつながる道を選ぶ支店長が大半でしょう。

どこにその判断の差があるのでしょうか。それは、取引先に対する熱い思いとそこから生ずるバンカーとしての徹底した調査・分析活動にあったと思います。A社を誰よりもよく知っている自信がノーの判断を下し、結果としてA社を救うことになったのです。

（鈴木 良夫）

055 営業時間外でも喜んで対応してくれたレストラン

島根県浜田駅前から歩いて数分のところに、「ケンボロー」という地元の方に人気のポークレストランがあります。「牛肉を越える豚肉」を求めて三十年以上研究を重ねている、酪農を営む有限会社島根ポークが直営するお店です。

ケンボローとは、英国の二つの有名大学、ケンブリッジ大学とエディンバラ大学によって開発された、最も健康度の高い豚群として世界中で認められ高い評価を得ている豚の品種です。敬意を払って両大学の名前をとってケンボローと命名されたものです。

一九八〇年にケンボロー豚を日本で最初に導入したのが島根ポークであり、直営店は豚の品種名をそのまま店名にしています。そして、豚以外にも、オイル（揚げ油）、ドレッシング、自家農園で栽培している野菜など、使用するすべての食材にこだわりを持って吟味されたものを提供しています。

出張が多く旅烏だった私は、各地のおいしいものを食べることが一番の楽しみだったので、噂のケンボローの営業時間に何とか間に合うように急ぎました。しかし、電車の本数が限られているため、お店に着いたのは残念ながら昼の営業時間を三十分ほど過ぎていました。

どうしても食べたかったので店の中を何気なく覗いていると、店の中から、ニコニコしながら女性の店員の方が出てきて、時間外にもかかわらず「良かったらどうぞ！」と声をかけてくれました。

外で、食べたいな〜という思いで立っていただけの私に、声をかけてくれたのは本当に嬉しく思いました。どんなに外が暑かったり寒かったりしても、どうしても今すぐ購入したい必要なものがあっても、五分前でも絶対に開店前には店内に入れてくれないお店がたくさんあります。

だからこそ、営業時間外の思わぬ対応にビックリしたのです。大手のチェーンでは、当たり前のように「お店のルールで決まっていますから」と言われます。

お店の入り口から親切な案内で席に着く間に、通路ですれ違うスタッフ全員が、嬉しそうに挨拶してくれて歓迎されていることを実感できました。そして、営業時間外であったにもかかわらず「気にしないで、ゆっくり選んで下さい」と言われたことも、時間外に申し訳ないと感じていた私への気遣いだと思います。

注文したとんかつが運ばれてくると、「岩塩とレモンで食べるのもさっぱりしておいしいですよ」といったように、食べ方も親切に教えてくれます。

更に、食事を終えてお店を出るときも、丁寧なお見送りを受けて、その日は楽しい気持ちで過ごすことができました。ホスピタリティに溢れた、マニュアルでは絶対できない接客サービスです。

島根県浜田の外食店の単価からすれば、ポークレストラン「ケンボロー」は決して安くはないと思います。また、駅前とはいえ、昼時でも歩く人が少ない過疎化した街にあるお店です。

それでも、営業時間内は電話がひっきりなしに鳴り、来店されたお客様を何人も断らなければならない繁盛店である理由がわかったような気がしました。

またケンボローに行きたいと思い、浜田を後にしました。

（藤井 正隆）

056 くるしみから「し」をなくそう

苦死身《くるしみ》から、「死」を除き、皆が大好きな「くるみ」のような、堅い絆で支え合う組織を作ろうと「くるみ作業所」は作られました。三十四年も前のことです。

この作業所ができる直前に、現在の理事長の永井昭さんと出会いました。それ以来、精神障がい・心身障がいの方にお会いするときや、障がい者問題が提起されたとき、必ず「くるしみから「し」をなくそう!」という言葉が浮かんで来ます。

当時、永井さんは、実兄の永井哲精神科医師とともに、精神障がいの患者さんの治療のお手伝いをしていました。正義感の強いお二人は、患者さんを診ているうちに、患者さんを含む家族の苦しみを知るようになりました。精神障がい者を家族に持つ人達は数々の「ハンデ」を持つことになります。健常者には理解できない多くの「苦しみ」が押し寄せるのです。苦しみに負けて「死」を選ぶ障がい者と、その家族が後を絶ちません。

永井さん兄弟は、そんな患者さんと家族を診ているうちに、これは何とかしなければならないと思うようになりました。そして、世の中の苦しみが原因で、「死」があってはならない。「くるしみ」から「し(死)」をなくそうとして、「くるしみ－し」＝「くるみ運動」

が始まったのです。

当時、永井医師と昭さんは、「くるみ運動」をなぜ興すのかを必死に私に伝えてくれました。その基本姿勢を持つ「くるみ」の現在は、社会福祉法人復泉会として運営されています。

「であい、ふれあい、きづ（ず）きあい」「私達は、人を大切にします」を合言葉に、「くるみの機能するところは、そのまま地域社会の機能するところ」を基本理念として運営されています。

毎年恒例の地域交流パーティーは、今年で三十四回を迎えようとしています。昨年末三十三回目が開催され、「くるみ」の仲間達（障がい者）百六十五名が参加、その家族も八十八名が参加しました。毎回、楽しいイベントの数々が、善意の市民の方々の協力参加で行われています。

「障がい者」を中心の、楽しい地域交流の輪が大きく育っているのです。浜松市長、衆参県市議員も必ず駆けつけるほどに「くるみ」は成長してきています。これからも更なる「くるみ」運動が展開することは地域住民の願いでしょう。

（内山 隆司）

057 深夜四時の長距離バスに届けられたコール

スタディツアーで訪れたアジアの途上国を、翌年再度訪れました。そのときに泊まったのがPホテルでした。Pホテルは、首都からバスで四時間ほど離れた地方にある、二十室ほどしかない小ぢんまりとした簡素なホテルです。日本人オーナーの教育がしっかりしているせいか、スタッフは現地の人ばかりでしたが、笑顔で親切な接客を受けられ、気持ち良く滞在できました。

この町では、スタディツアーで宿泊した家庭を訪れたり、前回知り合った友人と再会するなど、短いながらも楽しい週末を過ごしました。

週末も終わり、深夜の長距離バスで首都へ戻らなければなりませんでした。Pホテルを午前一時頃にチェックアウトを済ませました。フロントのスタッフに、バスターミナルへ移動するためのバイクタクシーを呼んでもらい、二時過ぎの首都行きのバスに乗車しました。時間が遅かったため、バスが出発するとすぐに寝入りました。

ふと眠りから覚めると、時間はまだ四時。バスは道端に停車していました。しばらくすると、バス会社の従業員の男性が乗り込んできて、何かを連呼していました。最初はわかりませんでしたが、自分の名前を呼んでいるのに気付き、男性に応えると、「電話だ」と言って手に持っていた携帯電話を渡されました。

長距離バスの道中に電話をかけてくる相手など心当たりもなく、状況が理解できないまま電話に出ました。相手はPホテルのフロントだと名乗りましたが、まだ状況が理解できませんでした。「クレジットカードを忘れている」と言われて、ようやく目が覚めて状況が掴めました。チェックアウト時にクレジットカードで支払った際、うっかりカードを受け取り忘れてしまっていたのです。このことを知らせるために、わざわざ連絡をくれたのでした。

何度も申し訳ないと謝り、クレジットカードを送付すると申し出てくれましたが、帰国の日が近く、確実に届くか不安な郵便事情を考えて、裁断したうえで処分するようお願いをして、お礼を言って電話を切りました。そのままバスの中から、自分の携帯電話で海外ローミングを使って日本のクレジットカード会社に電話をかけ、カード停止の依頼が済むと、ほっと安心しました。

落ち着いたところで、Pホテルのスタッフの行動に考えが巡りました。私にも落ち度があったのですから、私から連絡が来るのを待つこともできたはずです。それでも、深夜の四時に長距離バスで移動している私に連絡をくれたのです。

バス会社が、深夜に移動している乗客へ携帯電話を喜んで届けるなど考えられません。しかも、長距離バス会社が一社しかなかったとはいえ、Ｐホテルのスタッフは、私がどのバスに乗車しているかも知らなかったのです。一刻も早く連絡しなければという思いで、バス会社に何度もお願いをしている姿が容易に想像できました。

平均年収が日本の十分の一というこの国では、外国人のクレジットカードを悪用すれば大金を手に入れられたかもしれません。現地でも大金とは言えないお金のために、信頼していた現地の人に裏切られたという話を数多く聞いていただけに、Ｐホテルのスタッフの思いが一層嬉しく感じられました。

次回訪れた際にはＰホテルにもっと長く滞在したい、という思いとともに日本に帰国しました。


（木村 敬）

058 ファンタスティック・バースデー

静岡県島田市にOという若者向けの大きな居酒屋があります。

このお店は外観や内装がお洒落で、細やかなところまで気配りが行き届いているという点に加え、若くて元気の良いスタッフ達の気持ちの良い応対が非常に好印象な人気店です。

私がここを利用するのは主に同世代（二十代後半）の友人達と賑やかに語らいたいときなどですが、先日も学生時代の友人男女六名でお邪魔したときの話です。

地域の人気店だけあって週末は多くの若者で混み合う店内ですが、あらかじめ予約をしてありましたのでその日はすんなりと入店することができました。座敷に着き、生ビールで乾杯後、気心の知れた者同士大いに語らい、またおいしい食事を楽しみながらあっという間に小一時間が過ぎ、皆ほろ酔いの良い気分になってきたころでしょうか。

それまで飲食をしていた一階客席のほとんどの照明が突然消えました。「停電か?!」、それまで多くの若者達の活気で溢れ返っていた店内に一瞬の静寂と緊張が走り、数秒後、落ち着きが戻りつつあったそのときです。

座敷の入り口辺りから七～八名でしょうか、思い思いのパーティーグッズに身を包んだ若い男性達が次から次へと私達の席に向かって進んできます。あっけに取られて見ているとその中の一人の手には数本のロウソクに照らされたデコレーションケーキが。ふと隣りに目をやると一緒にいた女友達が、なにやら信じられないような驚きと感激の入り混じったすごい表情をしています。

我々男性陣はやっと何が起こっているのかに気がつきました。そう、この賑やかな雰囲気の男性達は店員さんで、この日は隣りに座っていた女友達の誕生日だったのです。見通しの良い一階のすべての客の視線が我々のテーブルに集まります。すると店員さん達は間髪を容れずに踊りだしました。踊りながら唄っている歌はこれまで全く聴いたことのない手拍子付きの軽快なバースデーソングです。

後で人に聞いた話ですが、これはこのお店（数店舗で形成するグループ）独自の歌だということで、なんでも二曲あるとか。歌がサビに差し掛かるころには、ほぼすべての客が合いの手を打ち、ホールにいる全員が一つの空気の中にいます。

歌が終わるころ、周囲の雰囲気に促されるように主役がロウソクを消しました。そこで割れんばかりの歓声と拍手。更に代表の店員さんが全員に聞こえる大きな声で丁寧にお店からのお祝いメッセージを述べると、再び大きな拍手が起こりました。

お店全体で一人の誕生日を祝ってしまうというおよそ信じ難い、しかし大変感動的な光景を目にすることができました。

これを仕掛けたのは主役以外の女友達二人だったということですが、「当初はスタッフに『友達の誕生日を祝ってあげたいので、簡単なケーキなどを出してあげられませんか？』と伝えただけだったから、まさかここまでしてもらえるなんて……」と驚いていました。

そして主役の彼女にとっては、言うまでもなくこれまでの人生で味わったことのないファンタスティック・バースデーになったことでしょう。

（木村 良太）

059 世界中、どこでも任せられる旅行会社

ある日の夕方五時過ぎに、中国で働いている弟から、とても慌てた様子で電話が入りました。明後日の午前中までに、どうしても社長のサインと印鑑の押された書類の原本が欲しいとのこと。あまりにも突然で、段取りをするだけで精一杯の時間しかありません。

二年前に中国に渡った弟。働く場所は違っても、会社を守っていきたい、成長させていきたいという思いは、私と一緒。彼の頑張りがようやく最近芽を出しはじめ、海外支社設立の段取りができました。

中国という、何かと状況が二転三転するお国柄の中で、物事はすんなり前にとは進みません。ようやくすべてが整って、後は書類を提出するだけ、という段階で、「書類が一部足りない」ということになってしまいました。もし明後日までに揃わなければ、次の申請の受付は二週間後になってしまい、その後の支社設立のスケジュールに影響が出てしまいます。

慌てた弟が私に、「とにかくその書類を送付してほしい」と電話をかけてきました。しかし、どう手を尽くしても書類の送付には、中一日以上はかかってしまいます。

「社長の印鑑の押された重要書類だし、どう考えても間に合わないし。こうなったら、自分が持っていくしかないだろうな」

そう考えた私は、すぐに「レイライン」という地元静岡の旅行会社に電話をかけました。個人団体問わず数多くの旅行を手掛け、各方面に精通し、いざというときの対応には定評のある旅行会社です。社長の小松さんは、女性らしい隅々まで行き届いた気配りで、大人数の旅行の際も、滞りなく進めていきます。

「小松さん、困っちゃった。明日、なるべく早めに香港に行きたいのだけど」

時間は夕方五時を回っており、旅行会社のコンピュータはすべて止まってしまっています。そんな中、小松さんは八方手を尽くして下さり、翌日夕方の成田発のフライトに空席がありそうだということがわかりました。

翌日早朝の端末受付開始の際に、もう一度空席を確認するということで、その日は電話を置いたのですが、その後も現地からの情報が二転三転して、ようやく出張のゴーサインが出たのは、翌日の午前十時を回ってしまいました。

慌てて発券を小松さんに依頼し、代金を入金して新幹線に飛び乗って、成田空港に着いたのは、出発受付ギリギリの一時間ちょっと前。その間もレイラインの社員さんと連絡を取って、電車の乗り継ぎ等を確認しながら移動しました。気を利かせてくれた社員さんが、航空会社に私が少し遅れる旨を連絡して下さっていたので、安心して空港に向かうことができました。

当社のような小さな会社でも、海外出張に出掛ける時代です。ましてや、社員十名ほどの会社が、海外に拠点を作ることができてしまう時代です。こうして我が社でも無事に香港に会社を設立することができ、その年の夏にはそこを拠点にして、中国の広州市に工場を設立することができました。私がもしこのとき香港に行くことができなかったら、設立チャンスを逃してしまい、数百万円の損害が出てしまうところでした。

私にとってレイラインは、幅広いニーズに俊敏に応えてくれる、世界中のどこに行くのもお任せしたい旅行会社です。

（望月 輝久）

060 創業六百年、客室稼働率九六%の宿

大震災以後、東北新幹線がまだ再開していないにもかかわらず、客室稼働率九六%の宿があると聞いて宿泊しました。そこは、宮城県白石市鎌先温泉にある「湯主《ゆぬし》一條」。言われたとおり駐車場から電話をかけると迎えの車があり、五分くらいで到着しそうなところをわざわざ迎えに来てくれる心遣いに驚き、あっという間に到着しました。山影に温泉郷が寄り添うように混在している一番奥にその温泉宿はありました。

今の当主で二十代目、伊達正宗公も逗留したことのある温泉旅館というのですから、その歴史の重みからさぞかし古ぼけた温泉宿だろうと思いきや、中に入るとモダンなインテリアと明るい光。宿帳を書くときに更にびっくり。必要な情報はデータが入っており、サインするだけなのです。

温泉宿に泊まると、「夕食は、一九時、一九時半、二〇時、いかがなさいますか?」と言われるのがお決まりだけれど、「まずは、ゆっくり温泉にお入り下さい。お食事は何時からでも大丈夫です。お風呂を出られたらお迎えに行きますので、ご連絡下さい」。私達一行は、顔を見合わせて驚きました。

更には、部屋への案内の途中、「一條の森へようこそ」と、薬湯、露天風呂、ロビー、非常口をまるで観光ガイドさんのような鮮やかさで案内してくれるのです。

歴史が創り出した本館・別館は、増築に次ぐ増築で、エレベーターはなく、宿泊客の移動手段は、アップダウンの階段のみ。それを不便に感じさせない名口調と「一條の森」というアイデアに感動。そして、脱衣場にある籠のちょっとした配置や濡れたタオルを乾かすタオルウォーマーなど、行き届いた心配りが客の心を癒しへ導くような気がしました。

しかし、それ以上に驚いたのが夕食。案内されて夕食会場へ向かうと、大正時代に建てられた本館を改装し、料亭個室となっているのです。一部屋一部屋が趣あるしつらえで、長もちや火鉢などの調度品もさりげなく、歴史の重みを感じさせてくれます。一泊一万五千円程度のスタンダードコースなのに、メインの肉・魚、鍋の肉・魚、そして、ご飯もの、と選べる楽しさと柔軟なサービスに、料理のおいしさとともに感動しました。

その後も、おしゃべりに花が咲き、気がつくとあっという間に十一時半になっていました。この宿には素晴らしいラウンジもあるので、湯主はラウンジでも売上を上げてほしいところでしょうが、全くそんな気配もなく、最上のもてなしに驚くばかりでした。

私達を担当して下さったのは、女性と男性のペアだったのですが、女性がメニューを聞違えて他の人の前に差し出したのです。そのとき、「今日は素晴らしい男性ばかりなので、緊張してしまったんですね」と、笑いを取りながらのフォロー。

こんなコンビネーションからも、顧客への気遣い、従業員同士の思いやりが当たり前になっていることが窺えました。

翌朝、六時に出発する私達のために、竹の皮でできたお弁当箱にふっくらおにぎりと鮭を詰め込んで見送って下さったその心遣いに、また訪れたいと思ったのでした。

（増田 かおり）

061 繁華街の癒し系ラウンジ

静岡市の繁華街・両替町に「ラウンジさとみ」という小さいお店があります。ある日、町を歩いていると小雨がぱらついてきました。「良ければ雨宿りで寄っていきませんか？」と言われ、寄らせてもらうことにしました。小さなお店でしたが、店員さんの対応も良く、良い意味で商売っ気がありませんでした。酒を飲まない私は一時間もたたずに店を出ましたが、繁華街の店とは思えない良心的な対応で驚きました。

数日後、先日のお礼も兼ねて行ってみると、私のことを覚えていて大歓迎してくれました。驚いたのが、私が飲めないことや今限定の○○飲料にはまっていることを覚えていて、すぐに○○飲料を準備してくれたこと。随分気が利くと思い、更に「この両替町にコーヒーを出してくれる店でもあればいいのに」と冗談交じりに話すと、次回からコーヒーまで用意してくれていました。行くたびに私にあったサービスを考えてくれ、それからよく利用しました。周囲を見てみると客層も良く、一人で来ているお客さんも多いようでした。

街の中でお客さんの満足度を追求してくれる、この隠れた癒し系の名店は私にとって欠かせない店となりました。

（望月 伸保）

062 兄弟で座る、白木のカウンター

静岡の草薙という町に、「吉《よし》おか」という、四季折々のおいしい料理とお酒を提供してくれる小料理屋があります。

私も三十歳を過ぎ、財布の中身にほんの少しだけ余裕ができたころに見つけたお店です。私と一緒に父親の経営する会社で働いている弟と、月に一、二度お邪魔しては、このお店の居心地の良さに、つい長居をしたものでした。

私と弟は、一緒の会社で働いているとはいえ、別々の部署を任されている立場です。会社で毎日顔を合わせてはいるのですが、日々の業務に追われてしまい、会話らしい会話をする時間がありませんでした。

そんな日々の中で、「ちょっと話がしたいな」とか「ちょっと飲みにでも行きたいな」と思うと、「吉おかに行かない?」とお互い誘い合って出かけておりました。

純和風の店内に一歩入ると、女将の生けた色鮮やかな花が迎えてくれます。各テーブルに置かれた、その日お勧めのお品書きは、毎日筆書きで女将が一枚一枚丁寧に書いています。そんな素敵なお店なのに、私達二人の格好といったら、私は作業着、弟はつなぎで。

マナー的にも小料理屋にお邪魔するような格好ではないのですが、女将は「そんなの気にすることないですよ」と言って、私達二人を、広くて居心地の良い、白木のカウンターに通してくれるのでした。

寡黙で、厳しくも愛情を持って弟子を指導する大将と、いつも満面の笑顔でお客様に接している女将の関係は、とてもバランスが良く、お店の雰囲気そのものでした。

あるときは、閉店間際でも笑顔で迎え入れてくれ、またあるときは、とっくに閉店時間が過ぎているのに、黙って長居をさせてくれました。私達は時間を惜しんで、熱い思いをぶつけ合い、時間を忘れて気が済むまで語り尽くすことができました。

このお店が面する駅前通りは、普段から私が車で走っている営業ルートで、この道を通るときには、ついついお店を覗き込んでしまいます。午前中の早い時間には、すでに玄関は開いており、前日も夜遅かったはずなのに、本当に大将も女将もよく働くなぁと、感心せずにはいられませんでした。

寒い冬のある日、夕方五時前にお店の前の通りをいつものように車で走っていると、見覚えのある吉おかの店員さんが、ほうきで通りを掃いていました。お店からだいぶ離れた場所で、辺りはすでに暗くなりはじめていたのですが、丁寧に道に落ちたゴミを、隅々まで掃き集めておりました。

季節が移り、日の沈む時間も延びはじめてくると、ほうきで掃いた後に、お店から遥か遠くまで、水を撒いている姿を見かけるようになりました。毎日欠かさずに、気の利いたことをされているなと思い、後日、お店にお邪魔したときにこのことを尋ねてみると、大将はこう話してくれました。

「日々お客様が通る道。ときには夜遅くに、お酒が入って気持ちが良くなったお客様が、大声でおしゃべりしながら帰ることもあります。お客様をおもてなしする気持ちはもちろんですが、まずは近隣の住民の皆様への感謝の気持ちを込めて、清掃しているのです」

おいしく珍しい食材が手に入れば、ご近所さんにお裾分けすることもあるようで、今では逆に、頂き物をすることもあるとのこと。これだけ地域に愛されているお店が、いつも繁盛しているのは言うまでもありません。

今は遠く離れた中国で事業を頑張っている弟が帰国した際には、吉おかの白木のカウンターでゆっくりと、積もる話をしたいものです。

（望月　輝久）

063 サプライズ朝食

寒い冬、私は出張で大阪に滞在していました。頑張った自分へのご褒美をあげようと、サービスが良いと評判のホテルを予約しました。ホテルに着くと　部屋の案内まで、非常に丁寧な接客で、私はすでにこの時点でホテルのファンになっていました。更に驚くサービスは翌朝の朝食のときに起こったのです。バイキング形式の朝食会場に着きました。

「おはようございます。何か苦手なものはありますか?」と受付の女性に訊かれ、「あまりお肉を食べないのですが、苦手ではないので大丈夫です」と私は答えました。

すると、その女性は、少し考えたような表情をした後、ニコッと笑顔で「かしこまりました」と挨拶し、私を席まで案内してくれました。

おいしそうな朝食を取りに席を立とうとすると、女性から「少々こちらでお待ちいただけますか?」とのこと。席で待つと、長いコック帽をかぶった男性が笑顔で私のもとへ向かってきました。

「亀井様、はじめまして。料理長を務めている○○と申します。お肉料理に気を遣ってらっしゃると伺ったので、本日の料理に使っている材料と、原産地、それから料理方法についてご説明させていただこうと思うのですが、いかがでしょうか？」

びっくりした私は、「はい、もちろんお願いしたいですけど、お時間大丈夫ですか？」と聞きました。まだ若いその料理長は「はい、もちろん大丈夫です。ではこちらへどうぞ」とにこやかに話し、そのままバイキングコーナーへ一緒に向かいました。

着くと、料理長は、全部で三十品以上ある料理について、一つ一つ、材料は何を使っているか、肉を使っている場合は、原産地はどこで、どんな調理方法でいつごろ作られているか、懇切丁寧に説明して下さいました。

最初は、肉を使っているかどうかを聞いていた私は、いつしかその料理に施されている工夫やこだわり、そして料理長の料理への愛情に聞き入っていました。もちろん、その説明にある前提は、「お客さんに安心して食事をしてほしい」という優しい思いやりです。

料理長に感謝を伝えると、彼は何事もなかったかのように調理場へ戻っていきました。

私は、その後、サービスの感動とともにおいしい朝食を味わいました。接客していただいたお二人に今でも感謝しています。

（亀井 弘喜）

064 東京からのお客様

これは菓子店「たこ満」のスタッフ・竹島さんが体験したお客様とのエピソードです。

＊＊＊＊＊

醍醐様は東京から掛川に転居されて以来、我が社のお菓子をとても気に入って下さっている昔からの常連さんです。東京の方なので、お子さんをはじめご親戚の方は東京にいて、法事のときにはいつも我が社のお菓子を東京まで発送させていただいていました。

「こんな田舎にも、こんなにおいしいお菓子屋がある。そんなお店にしたい」という我が社の思いにぴったりのお客様だと、ますます大切に接客させていただいてきました。

成滝店と駅南店が合併し、少し足が遠のかれたように感じていました。そして、掛川本館になってからはほとんどお見かけすることがなく、バイパスを使って近くの秋葉通り店に行かれているのかと思っていました。

七月末のある日、お店に醍醐様から電話が入りました。私は直感的に「ご法事だ」と思いました。しかし、その電話は奥様からで醍醐様の訃報を知らせるものでした。

あまりにも突然のことで言葉を失っていると、「四十九日のお菓子を見てもらいたいから、竹島さんのいるときに行きたいのだけれど、いつならお店にいらっしゃる？」と言われ、出勤日をお伝えし、ご来店の日を決めていただきました。

数日後、息子さんとご来店下さった奥様はとてもやつれていて、ご主人のことで大変だった様子が手に取るようにわかりました。

お品物を決めていただきましたが、必要な数がはっきりせず、息子さんも間もなく東京に戻るとのことで支払いに来られないということでした。

注文数や発送の日が決まり次第ご連絡を頂くことにして、その日は帰って行かれました。

数日後、醍醐様からご連絡を頂き、私は醍醐様のお好きな「大砂丘」などのお菓子を持って出勤前にお宅に伺いました。

奥様はお供えしてあった上品なお菓子を下げ、「竹島さんがいらして下さいましたよ。あなたの好きなたこ満さんのお菓子よ」と言って祭壇にお供えして下さいました。

「主人は本当に、竹島さん、竹島さんと言っていたから喜んでいると思います。あれでなかなか好き嫌いがはっきりしていて気難しい人だったから。お寿司とたこ満のお菓子が大好きで、どちらも常連でしたからね」と話してくれました。

醍醐様は数年前に倒れ、また奥様も東京で胃の切除手術をされたりと大変だったとのこと。奥様は車の運転ができないのでお店になかなか出向けなかったことなどを話して下さいました。

法事のお菓子は心を込めて準備し、発送させていただきました。それとともに私は「大砂丘」をお供えしていただきたくお送りしました。

ご来店時、「お茶菓子に大砂丘を使いたいけれどクール便でないといけないし、水ようかんは常温でいいけれど悩むわね」とおっしゃっていたのを思い出しての行為でした。

上品で物腰の柔らかな醍醐様に、もうご来店いただけないことを思うと寂しい気持ちで一杯です。

（平松 きよ子）

065

期待を超えた瞬間

私達夫婦が一歳になる子どもを連れてハワイに行ったときのことです。子連れでの旅行が初めてだった私達は、機内での子どもとの格闘に疲れ果て、ヘロヘロになりながら、予約したホテルに向かいました。チェックインの際、受付の方から、「どうしてハワイにいらっしゃったのですか?」と聞かれたので、実は娘の誕生日が二日後なのでと答えました。

そして楽しい旅行中のある日、まだしゃべれない娘を連れて、誕生日のお祝いにとレストランに入りました。楽しい誕生日会も終わって、ホテルの部屋に帰ってくると、ベッドの上にHappy Birthdayと書かれたケーキと、小さい亀の縫いぐるみが置いてありました。受付のやり取りを覚えていたスタッフさんがきっと用意してくれたのでしょう。その瞬間、このホテルは私達家族を、「今日誕生日の娘がいる、日本から来た廣田さん」と一人の顧客として見てくれていたんだと感じました。

一人のフロントマンの気遣いがホテルへの期待値を超えて感動を生み出したのです。

今は二人目の子どもがスクスクと育ってきています。この子も連れて旅行に行けるようになったら、また訪れてみたい素敵なホテルです。

(廣田 優輝)

066 ゆったりした〝時間〟を提供するオーガニック野菜レストラン

「クルーズ・クルーズ」は伊勢丹本店の向かい側のビルの中にあります。平日の雨の日ということもあり空いていました。自然食と健康志向の強い若い女性に大人気なレストランです。オープンキッチンと広々と窓側に席を設けた店内は、落ち着いた雰囲気と豪華で重厚な店作りが特徴です。

階下のクロークから広くゆったりとした豪華な階段を上がります。「本日は空いていますので、お好きな席にお掛け下さい」と、待ち受けていたゲストサービス係の若い女性Fさんがテーブルまで案内してくれます。彼女は野菜ソムリエを兼ね、店内のことを丁寧に案内してくれます。雨の日であったために席には濡れた傘や手荷物を安全に置くことができる籠やスペースがさりげなく設けられています。

夕方のディナーが始まるまで、「何時間でもおしゃべりを楽しんで下さい」と言葉を添えてくれます。

ランチといえども肉や魚のメインディッシュは四種類から一つ選ぶことができます。何より嬉しいのはオーガニック野菜のオードブルは小さくて可愛い小皿に一口分しか盛られていないのです。何種類でも何回でも好きなだけ味わっていただけるようにと、わざわざボリュームを小さくしているのです。この可愛いサイドメニューの小皿は数種類用意されていて可愛さも演出しています。数か月に一度小皿を変えます。リピーターのお客様の喜ぶ顔を見たくてスタッフが知恵を絞ります。

店内のオープンキッチンが見える店の中央辺りにテーブルがあり、自由に選ぶことができると同時に、野菜ソムリエの女性がそこにいて、本日のオーガニック野菜について一つ一つ丁寧に説明してくれます。

そして一番おいしい食べ方を教えてくれるのです。その野菜は生まれて初めて口にするものから、普段目にする野菜がこんな食べ方もあるのかと思わず感動してしまうほどです。店内で若い女性を中心とし女性客が何度もこのコーナーに立ち寄ると、「たくさん食べて下さい」とにこやかにサービスしてくれます。

テーブルを担当したFさんが食事の進行状態を常にチェックしていてお客が最高の状態で料理が運ばれてきます。追い立てられるような「早く食べなければ」が多い世の中ですが、ここではゆったりとした至福の時間を演出してくれます。

（野口 具秋）

067 セール中の百貨店なのに

　ある夏の日、私は都内の某百貨店にてクリアランスセールを行っていたこともあって、痛んだ革靴を新調するために、その百貨店の紳士靴売場を訪れました。セール中もあって店の中はとても混雑していたのですが、良い革靴はないかと売場を物色していると、売場担当の方が「良かったら、サイズが合うかを履いて確かめて下さい」と、快活な声で話しかけてくれました。

　当時、私はあまり革靴を購入した経験がなく、正直どのような革靴を選んだらよいかがわからなかったため、その担当の方に「どんな革靴を選んだらよいですか？」と聞いてみました。すると、「予算はいくらぐらいで、どのような用途でお使いですか？」と尋ねられましたので、私は「二、三万円ぐらいで、仕事用のものを探しています」と答えました。それに対して担当の方は「それでしたら、お客様にちょうどいい、おすすめの品があります」と、提示した予算の下限ぎりぎりの価格の、あるブランドの革靴をすすめてくれました。更に続けて「このブランドの革靴は日本人の足の形に合っているので、長時間歩いても疲れにくく、革も良いものを使っていて、とても長持ちしますよ」と説明してくれました。

アンケート記入のお願い

フリガナ	
御氏名	（　　　才）
自宅住所（〒　　　　　）	

Eメールアドレス

このカードの
入っていた書名

お買上げになった書店名

お買上げになった動機
- 新聞広告を見て
- 雑誌広告を見て
- 店頭で見て。人から聞いて
- その他

今後とりあげてほしいテーマ

本書についてのご意見・ご感想

■お客様にご記入いただいた個人情報は、より良い出版物を作るための参考にさせていただきます。
■ご記入いただいた個人情報は，ご注文いただいた書籍の配送，図書目録・新刊案内などをお送りする資料にさせていただき，その目的以外での利用はいたしません。
■また、お寄せいただいた個人情報は厳重に保管し、お客様の許可なく第三者に開示することはありません。

同友館からのお知らせについて不要の場合は
右の□に×をしてください。　不要 □

郵便はがき

料金受取人払郵便

本郷支店承認

3620

差出有効期間
平成24年10月
31日まで

1 1 3-8 7 9 0

3 3 5

(受取人)
東京都文京区本郷
6丁目16番2号

株式会社 同友館
営業部・愛読者係 行

購入申込書

(書名)	定価 ¥	部
(書名)	定価 ¥	部
(書名)	定価 ¥	部

※このハガキで書籍を注文できます。代引手数料200円が別途必要になりますが、ご指定の場所に送本いたします。なお、ご不明な点は小社にお問い合わせ下さい。同友館 TEL 03−3813−3966 FAX 03−3818−2774
http://www.doyukan.co.jp/

送付先住所 (〒)

T E L.

Eメールアドレス

氏名《フリガナ》 印

私がそれなら試してみようと、自分の足のだいたいのサイズを伝えると、「お探ししますので、少々お待ち下さい」と言って、売場奥の倉庫から、伝えたサイズと、それよりワンサイズ上下の計三足の革靴を持ってきてくれ、「まずは、こちらの靴からお確かめ下さい」と、伝えたサイズの革靴を箱から取り出し、私の前に差し出してくれました。

実際に試着したところ、確かに履き心地も良く、サイズもぴったりであったため、私はその革靴を気に入って、すぐに購入することに決めました。すると、その担当の方はセール中でお店が混雑しているのにもかかわらず、「この革靴は、このようにお手入れするとよいですよ」と懇切丁寧に説明してくれ、その日はとても気持ちの良い買物をすることができました。

最後に余談ではありますが、担当の方が言った通り、その革靴はとても長持ちし、今でも履き続けているお気に入りの一足になっています。

（橋村 年浩）

068 母の想いは経営の中に生き続ける

北九州市主催のオンリーワン企業創出事業審査で受賞企業となった株式会社陽和を訪問したときのことです。

「陽和」という社名は「人の和を大切にしたい」ことに出来しますが、それを表すエピソードがありました。新工場で機械を中央部に増設するよう社員から要請があった際、越出理隆社長は、「コミュニティ空間がなくなるから絶対にできない」と伝えたというのです。

パートさんも二十年以上勤務の方が約十名。また、七十歳に近い方も数名いらっしゃるとのこと、人に温かく優しい会社であることは間違いなく、経営者の想いを実践していることに感動しました。

更に、越出社長のお人柄に影響を与えた、その生い立ちを受賞会場に向かう車の中で伺いました。現在二代目ということですが、お父様を小学校のときに亡くされ、その代わりにお母様が経営を長年担当されていたとのこと。

私自身も父を小学校三年のときに亡くし、母一人で育ったことも重なり、越出社長のお母様が、人格・器量・気遣い・優しさ・忍耐強さ等、素晴らしい点をたくさん備えていたであろうことを察しました。

お母様は母子家庭の中で、現社長を育て、子どもの学校、家庭、家事、親戚との関係や付き合い等を行いつつ、激務の社長業を行ってきたのです。

現在では、母子家庭に対して、国や県、市町村の制度も充実していますが、当時は、想像も絶する苦労だったのではないでしょうか。越出社長の現在の優しいお人柄は、こういう生い立ちや経緯が関わっているのだなと深く理解し、心が震えました。

あらゆる運命を受け入れるには並大抵ではない精神力が必要となります。比較せず、卑屈にならず、お母様はよくぞ越出社長をここまで立派に育てられたと感動しました。私も「現状に感謝し、がんばらなければ」と心の中で言い聞かせ、車窓の景色を見ながら感慨に耽っていました。


（佐藤 浩司）

069

二回目の結婚式

私が結婚式を挙げたレストランでのことです。

結婚式も無事に終わり数か月がたったころ、そのレストランで挙式・披露宴をした人限定のパーティーの案内を受け取りました。ちょうどそのころ私の妊娠がわかり、ぎりぎりまで悩んでいたのですが、体調を見て出席することにしました。

当日レストランに入ると、私の席にはクッションが用意されており、アルコールが大好きなのを知っているスタッフの方が、飲めない私にアルコールの入っていないカクテルを用意して下さいました。

レストランなのでお食事はとてもおいしいのですが、式当日はゆっくり食べることができなかったこともあり、食事の内容は披露宴の食事に近いものを用意して下さいました。当日、お肉料理を半分残してしまったのをとても後悔していた主人は大喜びでした。

食事中はスタッフの方々がテーブルに来てくれ、私の妊娠をとても喜んでくれたり、結婚式当日の思い出話をしたりしました。

その後ゲームやクイズなど楽しい時間を過ごしましたが、中でも一番最後に準備されていたエンドロールでは、パーティーに出席した夫婦の名前と写真、結婚式当日のスタッフさんの様子が写真で流れ、私達も結婚式当日を思い出すと同時に、まるで私達が出席者として結婚式に招待されているような感覚になりました。

そしてこんなにも大勢のスタッフの方々が関わってくれていたこと、またそのスタッフの皆さんのお陰で無事に終了できたことを改めて感じました。

しかし何よりもスタッフの皆さんから私達への感謝の気持ちがその映像に詰まっているようで、とても感動し、思わず涙が出そうになりました。後で聞いた話によると、スタッフの方も感動して涙していたそうです。

一般的な結婚式場は、ひょっとしたら結婚式後に訪れることはなかなかないかもしれませんが、レストランなので再度足を運べるのはとても良かったと思いました。この会場で結婚式をして本当に良かったです。また素晴らしいスタッフに会いに行こうと思います。

（福井 琴美）

070 ピンチの旅先で出会った親切

東南アジアを旅したときの思い出です。私はアンコールワットを見たくて、バスでタイからカンボジアに入りました。カンボジアに着くと、市の中心街でバスを降ろされ、後はトゥクトゥクという乗り物で各自自分のホテルへ向かうそうです。私は、ちょうど日本語を話せるカンボジア人のトゥクトゥクの運転手がいたので、その人にお願いをしてホテルまで向かってもらうことにしました。ホテルに向かっている最中そのカンボジア人の運転手が町を案内してくれるということで市内を回ってくれたのですが、いざホテルに着くと観光代として二〇〇〇バーツを請求してきたのです。

カンボジアに来る際にあまりお金を持っていかないほうがいいと聞いていたので、アンコールワットを回るお金と交通費と二日分の食費しか持っていませんでした。私は片言の英語でお金を持っていないと言ったところ、銀行に連れていかれクレジットカードでお金を下ろせと言われました。私はクレジットカードを持っていなかったので、身の危険を感じ、結局、持ち合わせの中からお金を支払いホテルへ向かいました。次の日、アンコールワットの入場料二〇ドルとほんの少しのお金を持ってアンコールワットを歩いて回りました。

そして最後のコイン（百円ほど）を差し出して、これで空港まで行って下さいとお金を支払いました。

その時点で私が持っていたのは航空券とタイのホテルまでの一〇〇〇バーツです。しかし、空港に着きチェックインをしようとしてカウンターに行ったところ、カンボジアの空港では空港使用料が別に必要になるとのことでした。

帰ることができなくなり、どうしようか迷っていたところ、日本人の母娘が後ろに座っていました。「この運転免許証と引き換えに二〇ドル貸して下さい」とお願いしたところ、にっこり笑って「免許証など要りませんよ。外に出すと危ないのでしまって下さい」と対応してくれました。そして財布を取り出し二〇ドルを渡すとともにこう言いました。

「お金はいつになっても構いません、それよりもここではお水が飲めないでしょう。お水を買うお金はありますか」と。返ってくるかどうかのお金よりも私の体を心配してくれ、お水のお金も頂きました。あのときの二人の笑顔はいつになっても忘れません。私は丁重にお礼を言い、必ず返すことを誓って飛行機に乗り込みました。

（鬼塚 翔二朗）

071

金賞がもたらした大切な絆

伊豆に、ホテル望水《ぼうすい》という名のおもてなしの宿があります。二代目社長、近藤純司氏には一つの悩みがありました。昔から続く「ホテルと業者」の関係です。発注する側のホテルと、ホテルにぶら下がるように受注する業者の構図が、同じ地域で経営活動するパートナーとして、喜びも悲しみもともにしたいという近藤社長の理念からは程遠い関係でした。「ホテルから言われたことは確かに実行する。でも、業者さん側からお客様を喜ばせるための提案を聞いたことがない」。これが近藤社長の悩みでした。

そんな社長に一つの転機が訪れました。新たな望水の魅力として新設したスパの空間「GECCA」に、セラピストから「北川《ほっかわ》温泉らしいオリジナル・スパスイーツはできないでしょうか」と相談があったことがきっかけでした。そこで浮上したのが特産品の「ニューサマーオレンジ」の果皮を砂糖漬けにした「ピール」だったのです。

そこから、社長、調理長、業者であるマルコシ製菓の試行錯誤が始まります。原料であるみかん畑の契約から、味を決定するまでの約半年間、徹底的に議論し、ホテル調理場やマルコシ製菓を往復する日々が続きました。製造工程がシンプルだけにごまかしが一切きかず、それだけにこれまで以上にこだわったのです。

そして、次に近藤社長が企てたのは、完成した「ニューサマーオレンジピール」を一流の菓子メーカーが出品する海外の品評会「モンドセレクション」へ出品することでした。「町のお菓子屋さん」であるマルコシ製菓のオーナーは、この誘いに困惑し、当初は拒んだと言います。近藤社長にとってもすべてが初めての出来事で、容易な作業ではありませんでした。しかし、その先にある何かを信じて、「目標は高いほど良い」という信念のもと、近藤社長の熱意に遂にはマルコシ製菓も出品に同意しました。

数か月後、受賞を知らせる通知が近藤社長のもとに届きました。近藤社長は、関係者一同をすべて集め、喜びを皆で分かち合いました。飛び込んでくる「GOLD」の文字、湧き上がる歓声……。一生忘れられない光景となりました。ベネツィアで開かれた授賞式、近藤社長の隣には、着慣れないタキシードを着た、少し誇らしげなマルコシ製菓のオーナーの姿がありました。近藤社長のお膳立てでした。近藤社長は、「共に向上し合える関係、共に喜び合える関係ができたことが私にとっての金メダルです。やっとスタートラインに立てたと言えるのかもしれません」と語りました。

（長池 直樹）

072 中小企業の強い味方

私の住む町には、しずおか信用金庫という、地域とともに歩み続けている信用金庫があります。後継者育成に力を入れており、若手経営塾を開講して、地元の後継者同士のコミュニケーションを図ったり、平日の夜に支店の会議室を開放して、若手税理士を招いての事業承継セミナーを開催したりしています。

この信金は、お客さんと行員がふれあう時間を大切にしています。私の会社のメインバンクではないのに、担当の行員さんは、社長のところだけではなく、わざわざ私のところにも、毎回訪ねて来てくれるのです。

私は、何度も通ってくれる姿に感銘を受け、定期積み立てをすることにしました。当時まだその信金に口座を持っていなかったので、新たに開設するつもりでおりました。しかし、担当の行員さんは、「積み立てのお金は集金に来ますから、口座を作っていただかなくても大丈夫です」と言うのです。「毎月それでは大変でしょうから、通帳を作りますよ」と私が言っても、「全く問題がないです。私が集金に来ますから」と言うのです。

「これが、この信金の、顔の見える関係の作り方なのだな」と私は感心せずにはいられませんでした。

こうして、私とその信金との関係がスタートしました。担当だけでなく、支店長まで幾度となく顔を出して下さり、セミナーやイベントの案内をしてくれました。ついには、理事長まで会社を訪問して下さるに至り、組織としての対応力の高さに、ただ驚くばかりでした。こういった、地元の企業の次世代とのつながりを大切にし、誠心誠意サポートしていく姿勢を、後継者である私達に見せてくれることほど、頼もしいことはありません。

私が他の銀行と、個人融資の件でちょっとしたトラブルになり、なぜか関係のないはずの会社融資の引き揚げを匂わされて慌てた際も、その件を電話で相談した翌日の、朝八時前には、信金の支店長と担当の行員さんが私の元に駆けつけて下さり、

「何があってもフォローしますから。大丈夫ですから安心して下さい」

と強力なバックアップを約束してくれたのでした。

このフットワークの軽さは、地域に密着して活動していくという強い信念を持ったしずおか信用金庫ならではで、私はこの信金との関係を、これからも末永く続けていきたいと思うようになったのです。

（望月 輝久）

073 若手夫婦の精一杯のおもてなし

家内や気心の知れた友人と時々利用する、とっておきの和食店があります。大将のSさんは、まだ四十代の若手料理人です。焼津の名門和食店で修業し、静岡では、ミシュラン三つ星の小料理屋を経営する方とともに料理の腕を上げてきた筋金入りの経歴を持っています。

店は、カウンター四席、小座敷四席で八人で一杯になります。料理は和食・洋食を混ぜた、まさに創作料理と呼ぶにふさわしいもので、季節ごとに代わるのが特徴です。食材は地元の旬のものを中心に使っています。

料理は、一つ一つの味がしっかりしていて、しかもバランスがとれています。見た目、素材と料理のバランスが見事に調和し、優しさと美しさを醸し出しているのです。

盛り付ける器も、大将が長年お付き合いのある窯元を直接訪ねて自分の料理をイメージしたものを焼いてもらっています。お酒へのこだわりも強く、特に、日本酒は全国各地の蔵元を歩き、自分自身で試飲し、冷酒にあったもの、燗酒にあったものを選んでいます。燗酒でも酒によって燗の容器を変えるほどの徹底ぶりです。

食事の最後には、手作りのスイーツが出てきます。大将は、その日の料理に合わせたスイーツまで自分で作っているのです。

また、忘れてならないのは奥様の存在です。昼は勤め人として働き、退社後にお店を手伝いに来ています。もちろん厨房には入らず、料理やお酒を運ぶことが中心ですが、不思議な魅力を持った方で、妙に安心できるのです。

口数も多くはないのですが、料理やお酒の運び方、料理の説明など誠実さに満ち溢れています。仕事とはいえ、日夜を通じ働くことは大変なことと思いますが、ご主人の料理を説明し、精一杯味わっていただこうとする夫婦二人三脚の姿を、そこに見ることができました。

大将は、静岡県の食の伝道師としても活躍しており、知る人ぞ知る料理人ですが、そんなことはおくびにも出さず、満足度の極めて高い料理を格安の料金で提供している数少ない店です。定番のものを高い料金で提供している高級料亭はぜひ見習ってもらいたいものです。

（鈴木 良夫）

074 人を大切にする経営

都内に多店舗展開するお洒落なレストランがあります。人材教育に定評がある企業で、このお店の雰囲気を形作っているのは従業員の接客態度と言っても過言ではありません。夕方から夜の時間帯にかけて、仕事の打ち合わせでいつもより長めに滞在していると、一定時間おきに店内の照明が暗くなり、バースデーソングが流れてきます。

これほど頻繁に祝い事をしているお店は見たことがありません。その度に従業員が満面の笑みで接客している姿を見ると、「このお店に来て本当に良かったなあ」という気持ちになります。

そのお店の経営の本質は、あらゆる経営資源の中で「ヒト」を一番大切にしているということ、その中でも従業員を一番大切にするということにあるように思います。

どんな業種にも言えることだと思いますが、特に従業員が直接接客をするサービス業の分野では、お客様に対してダイレクトに伝わります。

社長はこんな風におっしゃっていました。

「従業員の皆さんにはメリハリをもって仕事をしてほしい。仕事もプライベートも充実している従業員は人として輝いている。それこそが人間らしい生き方ではないだろうか」

人間の時間の中で大きな割合を占める働く時間。その時間が充実しているか否かで、その人の人生はどれだけ変わってくるでしょうか。

僕がこのお店に来る理由は二つあります。

一つ目は、仕事に行き詰まったとき。従業員の生き生きした表情と、満足そうなお客様の表情、賑やかな店内の雰囲気を感じてスイッチを切り替えます。

二つ目は、自ら経営する会社で社員教育をするとき。社員をランチに誘って、打ち合わせやコミュニケーションをしているように見せかけ、実は「なぜこのお店は繁盛しているのか？」という問いを「従業員のモチベーション」という視点で見てほしいからです。

仕事にもプライベートにも使える素敵なお店で、これからも店員の「笑顔」に会いに行きたいと思っています。

（口村 健太郎）

075 独りぼっちの敬老の日

これは菓子店「たこ満」のスタッフ・揚張さんが体験したお客様とのエピソードです。

＊＊＊＊＊

八十歳くらいの優しい女性のお客様、清水芳江様のお話です。いつもご来店されると私を一番に探して下さいますので、接客はいつも私が担当させていただいていました。

八月も終わりの頃、お買物が終わり少しお話をさせていただいていると、敬老の日のコーナーが目に入った様子で、じっとご覧になっていました。清水様はその日のコーナーから目を離すこともなく、「もう、こんな季節なんですね。私は敬老の日にプレゼントなんてもらえないから関係ないけれど」とさみしそうにおっしゃいました。

「お子様はいらっしゃらないのですか」と伺ったところ、清水様は「子どもは二人いるの。一人は東京に、もう一人は名古屋に。全然こちらには来ないんですよ」と答えました。

私は少し戸惑いましたが、とっさに「でしたら、私がプレゼントをさせていただきます」と言いました。清水様は「ありがとう」と、その日は笑顔で帰られました。

そして、私は何かプレゼントをしたいけれど、何が良いのかわからず悩んでいました。

ずっと考えた結果、お店のみんなで清水様へ感謝の気持ちを伝えようと、色紙に一人一人が清水様への思いを書きました。それを敬老の日にプレゼントすることにしました。

敬老の日当日、私は出勤前に清水様のお宅へ伺い、色紙をお渡ししました。

玄関先で、「こんにちは。たこ満でございます」と言ったときも、名前を名乗る前に「揚張さん」と気付いて下さり、すぐに玄関まで出て来て下さいました。

清水様は大変喜ばれ、「また行くからね。皆さんによろしくお伝え下さい」とおっしゃって下さいました。

大変失礼かもしれませんが、私は自分の祖母のような感じがして清水様が大好きです。これからもずっとずっと元気でいてほしいと思っています。

後日、地元のスーパーでお店の販売員が偶然清水様にお会いしたようです。そのとき清水様は、「先日は色紙を本当にありがとう。敬老の日の何よりのプレゼントでした。今度はお礼に私が詩吟をプレゼントしますね」とおっしゃって下さったと聞きました。

来年も敬老の日が来ます。今度はどんなプレゼントをしようか今から楽しみに考えています。


（平松 きよ子）

076 入れ替えてくれたコーヒー

旅行でハワイに行った際、友人と一緒に雰囲気の良い喫茶店を見つけて入りました。

メニューを見ましたが、私が飲みたかったカフェラテは見当たりませんでした。そこで店員さんを呼んだところ、「カフェラテはありませんが、普通のコーヒーにミルクを多めに入れましょうか」と親切に答えてくれました。私はミルク代も払う意思を伝えましたが、彼女は「No problem」と笑顔で返してくれました。

しばらくして例の店員さんがコーヒーを運んできました。私はコーヒーに砂糖を二杯ほど入れて一口飲んだのですが、甘くてとても飲めませんでした。店員さんは、カフェラテが飲みたかった私のために、すでにミルクも砂糖もすべて足してくれていたのです。しかし、彼女はそれを言い忘れていたのでしょう。多めに砂糖を入れてしまったのは私のミスだったので、やむを得ずコーヒーをもう一杯注文することにしました。

例の店員さんを呼んで、「コーヒーをもう一杯下さい」と伝えたところ、彼女は「Why？」と少し驚いたような表情で、「私の作ったコーヒーはおいしくありませんでしたか？」と問い返してきました。私は慌てて首を振り、「すでに砂糖が入っているとは知らず、砂糖を足してしまったんです。甘すぎて飲めなくなってしまったので、もう一杯コーヒーを頂いてもいいですか」と尋ねました。すると彼女は「少々お待ち下さい」と言い残し、厨房へと戻っていきました。

帰ってきた彼女は、お代わり用のコーヒーポットと新しいカップを手に持っていました。カップをテーブルの上に置くと、私の甘すぎるコーヒーを半分だけ新しいカップに移し、そこに新しいコーヒーを注ぎ足してくれました。そして、彼女は言いました。「これで甘さがちょうど良くなったと思います。飲んでみて下さい」と。

私はそのコーヒーを一口飲み、甘さがちょうど良く、おいしいことを彼女に伝えました。彼女も一安心した様子で、テーブルを離れていきました。

私は彼女の心遣いに驚き、非常に感動しました。店員さんが客の気持ちを推し量り、個人的な好意でコーヒーを取り替えてくれたのです。

私は心から暖かい気持ちになりました。店員さんとの人間的なふれあいを感じることができたハワイでの旅行は、とても印象深いものになりました。

（ファン・イーアン）

077 顧客のためと思ってやったことが

立川市で美容室を経営しているN社があります。この会社はSさんとKさんというカリスマ美容師の雰囲気を持った二人が独立開業する形で起業しました。私は、この会社を設立当初から会計面で支援しています。

厳しい経済環境下での起業でしたので、うまくやっていけるのかどうか心配していたのですが、その心配は取り越し苦労に終わり、予想を遥かに上回る業績をあげています。カリスマ美容師というブランド力もあるのでしょうが、実は地道にスタッフ教育を行っており、明るく元気な接客でお客様のニーズに親切に応えていることがその理由のようです。

顧客数も順調に増え、あるとき、二号店を出店することになりました。SさんとKさんは新たな店の立ち上げに専念するため、一号店は優秀なスタッフのAさんに任せることにしました。

それから数か月後、Aさんから私の事務所に電話が入り、「申し訳ございません……」という神妙な声で話が始まりました。その内容は次の通りです。美容室のお客様が手作りのアクセサリーを販売しているのですが、なかなか思うように売れないという話を聞き、この美容室の店舗に置いて委託販売の形で売ってあげることになったそうです。Aさんとしては純粋にお客様のことを思い、何かお手伝いできないかと考え、行ったことでした。そして、店としてはわずかながら販売代行手数料を受け取ることになったのです。

このことを二人の経営者に話しておけばよかったのですが、Aさんとしてはその手数料を店の売上にしっかり計上していたので、問題がないと思っていたようです。しかし、あるとき、このことが経営者二人の耳に入り、許可なく行ったことに対して厳しく叱責されたとのことでした。そして、会計的にこのような取引を区別しておらず申し訳ないということで、連絡してきたのでした。

実はこれには裏話があります。このAさんの電話の前に経営者のKさんから「Aさんから連絡が入ると思うがよろしく」という配慮の連絡があったのでした。KさんはAさんを厳しく叱ったのですが、その裏には人を育てるための深い思いやりがあったのです。その後、Aさんはそれまで以上に生き生きと働いているとのことです。

このようにN社は、「経営者とスタッフ」「スタッフとお客様」の間に思いやりの心が溢れる会社で、これが高業績の要因だったのです。

（岡野 哲史）

078 ふとしたときの家族のありがたさ

私は今でこそ健康ですが、昔はよく体調を崩し病院に通っていました。しかし、病弱にもかかわらず外で遊ぶことが好きだった私は、後先考えず遊び、よく親を困らせたのを覚えています。

体調を崩したときによく食べたものは、母が作ってくれた「すりおろしりんご」でした。すりおろしたりんごの中にたくさんの蜂蜜を入れ食べると、口の中に酸味と程良い甘さと香りが広がり、体調を崩したときの一つの楽しみでもありました。

私が寝込んでいると母はよく手を握ってくれました。咳がつらくてなかなか寝付けないときは背中をさすりながら手を握ってくれたものです。ささいなことですが、不思議と心が安らぎ、眠りについていたのを今でも覚えています。

私の父は大柄でとても恐かったです。兄妹喧嘩をすると必ずと言っていいほど、私が怒られることになっていました。

そんな父も私が熱を出して動けなくなってしまったときは、私を背負ってベッドまで運んでくれました。あの大きな背中を今でも私は覚えています。

月日がたち、私も大人になりました。

私は丈夫になったし、両親も健康に過ごしています。昔はとても大きな存在だった両親が小さく見えることがあります。それは私自身が成長したということであり、嬉しいことですが、反面悲しいことでもあります。

私は両親にとても感謝しています。きっとこの両親でなければ、今の私にはなれなかったと思います。

今後自分に家族ができたとき、自分の親が接してくれたように接したいと思っています。

私はいつまでも両親の背中を忘れません。


（芹澤 和樹）

079 君は僕の友達だし、上海のお客さんだから

私は中国の義烏にある世界最大級の卸売市場を訪れ、その迫力に心を奪われて以来、中国を研究することを心に決めて、上海を中心に日本と中国を行き来するようになりました。

現在では上海をメインに生活しています。一般に、中国の飲食店の従業員は消費者に対する態度が、日本と比べてきめ細かさが足りないと言われています。そんな中国にある小さな飲食店で心に響く、忘れることのできない感動サービスに出会いました。

そのお店は、ホテルから百メートルほど歩いた裏通りにありました。何気なく入ったそのお店には、私の発音の悪い中国語を嫌がりもせずに、気さくに話しかけてくれる明るい笑顔の従業員Nさんがいました。Nさんのおすすめで食べた料理は独特な味で、週一、二回のペースで食べに通うほど好きになりました。

同じころ、私は原因不明のかぶれで、日に日に顔が腫れていくという、上海生活始まって以来の大ピンチに陥っていました。Nさんは、そんな私を心配して、「何かあったら、いつでも連絡して」とお店の名刺を渡してくれました。顔の腫れは引かず、どんどん腫れて、二倍の大きさになってしまいました。海外旅行保険のサービスで病院に行くと、原因

はマンゴーによるもので、一週間は治らないと医者に言われました。

残り一週間どうすればいいか。私は、Nさんがくれた名刺に宅配があることを思い出して、電話を掛けました。Nさんは外出中でしたが、日本人から電話が来るかもしれないことを伝えていてくれたので、最後まで対応してくれました。

宅配は三十元以上からなので、普段より二、三品ほど多く注文をして待っていると、届けに来てくれたのは、あのNさんです。

「大丈夫？」と声をかけてくれたNさんは、私が余分に注文した料理の代わりに二本の水を用意していました。「一人で食べきれないでしょ？」と笑顔で料理と水を渡してくれます。

それでも三十元は超えないので、三十元と水代を払うと伝えると、Nさんは「君は僕の友達だし、上海のお客さんだから気にしなくていいよ」と言ってくれました。残りの一週間を心配していた私の不安を一瞬で消してくれた最高に嬉しいサービスでした。

Nさんは現在、郊外にある大きなレストランの厨房で働いています。Nさんが働いていることでそのレストランが笑顔に包まれていること間違いなしです。

（中川 真）

080

患者さんから託された愛犬

私のクリニックの患者さんで、一人暮らしのある高齢者の方が、我が子のように可愛がっている七歳のミニチュアダックスフンド犬の「チロ」の行く末を案じていました。

「私が元気でいないとね、チロが困るからね。チロがいるから寂しくないよ」と目を細めて犬の頭を撫でていました。やがて、とうとう高齢で寝たきりになってしまったその患者さんから、「チロを残していくのは、心配で心配で……。どうしても、もらってほしい」と、涙ながらに懇願されて、チロは我が家にやってきました。

チロは、その患者さんが寝たきりになってから、長い間ペットホテルやペットショップに預けられていたため、やせていました。栄養が行き渡っていないのか、毛は白っぽくバサバサで色艶がなく、大きな目だけが印象的でした。

その大きな目が不安でおどおどしていました。尾は毛が短く、まるでねずみのしっぽのようでした。右後足は、仔犬のときに骨折して、骨がそのままついて変形していました。好き嫌いが激しいらしく、開封された七種類のドッグフードがそれを物語っていました。どこに連れて行かれるのか不安らしく、常に、人や物を舐めていました。どうしても人から離れようとしないのです。

チロが我が家に来て三日目のことでした。私が仕事から帰るとチロが転びながら走ってきたのです。二〜三歩走っては転び、また立ち上がっては転ぶのです。足を引きずっていました。おかしいと思い、急いで獣医さんのところに駆け込みました。

なんと「椎間板ヘルニア」の診断でした。「一か月の入院が必要です。放っておくと、歩けなくなります。このまま、治療をしないと介護が必要になります。ただし、一週間につき入院料は八万円ほどかかりますが……」とのことでした。

我が家に来たのも縁なのだろうと思い、入院させました。

三年たった今ではすっかり元気になって、全体の毛は濃い茶色、毛も長くなり、体重も増えました。

以前から飼っていた十五歳の「もも」と仲良しで、二匹でじゃれあっています。やんちゃで甘えん坊ですが、まるで昔からいたように、すっかりなついています。毎日、チロとももが、ドアに鼻をこすりつけて私の帰るのを待っています。

（近藤 博子）

081

酒と客への深い愛情

学生時代、友人宅に集まっては、熱く語っていました。必ず傍らにあったのがお酒です。普段は味は二の次ですが、たまにはおいしいお酒が飲みたいと思うときがあります。

そんなときは、大学近くの酒屋に足が向きました。その酒屋は住宅街のわかりにくい場所にありますが、一歩店内に入ると酒の数・種類に圧倒されます。しかも、売っているお酒は店主の見定めた良質酒のみで、発泡酒やビール、焼酎などは見当たりません。

商品について何を質問してもすぐさま答えが返ってきます。酒選びに迷っていれば、味や香りの違いを的確な表現で説明してくれ、ときには試飲もさせてくれます。

あるとき、アルマニャック（最高級ブランデー）を私達二十代の若造に飲ませてくれました。大きなブランデーグラスにトクトクトクッとアルマニャックを注ぎ、「これだけで、ちょっとした店に行けば二五〇〇円は取られますよ」と言いながら、店主は私達にすすめてくれました。「一生の内、酒を飲める量は決まっています。だから若い内からうまい酒を飲んで下さい」と言う店主の声を聞きながら、我々はその美酒に酔いました。

ふくよかに漂う高級感溢れる香りと何とも表現できない心地良い味わい。「若い内に良い酒を知っとかないと本物がわからなくなります」と言って、その酒にまつわるお話を聞かせてくれました。

数種類の酒を買って帰ろうとすると、酒を入れた袋の中に、店主が連載している「うんちく」の詰まった手作りチラシを入れてくれました。どんなお酒を飲めばいいのか、酒の原料は何でできているのかなど、酒についての知られざる情報満載のチラシです。

店主の酒に対する情熱、それをしっかりと若者にも広げていこうとする思いは、安酒を大量に売って儲けようという巷に溢れるディスカウント酒店にはない〝酒〟と〝客〟への深い愛情を感じさせます。

あれから数年たった今でも、おいしい酒が飲みたくなると友人を誘って店に行きます。すると、店主がいつもと変わらない笑顔とともに「お久しぶりですね」と言って迎えてくれます。店主手作りのチラシは、今では二冊の本になりました。店主にサインを書いてもらったその二冊は、私の大切な宝物です。

（黒沢 親史）

082

ふれあいギャラリー

そのギャラリーは、静岡市の中心部に近い安西通りに面しています。名前はギャラリー「十夢」。オーナーの横井友子さんとは、二十年近い付き合いになります。

ご主人は工務店の経営者。横井さんは、画家として二紀会に所属しており、絵画同人として活躍しています。カルチャー・スクールの講師として絵画指導にも当たっていました。最初は静岡市郊外にアトリエを構えてご自宅との往復の生活を送っていましたが、自宅の横にアトリエ兼教室を立ち上げ指導するようになりました。生徒数も順調に伸び、ギャラリーを運営しようと思い立ったのです。わずか十坪しか確保できず、ご主人からも猛反対されましたが、天性の負けん気の強さと楽観的な性格で説得にあたったようです。

難産の末、ギャラリー「十夢」はスタートしました。

横井さんのお付き合いの幅の広さをうまく活用し、次から次へと地元の作家を中心に企画展を開催しました。新聞社を活用した宣伝が功を奏し、大勢の来場者が来るようになりました。また、絵画指導を受けている生徒さんが口コミで企画展の紹介をし、その輪が広がっていったのです。

「十夢」は順調に来場者を増やし続け、展示希望者も一年くらい先まで埋まっているという話を聞いてびっくりしました。

その秘訣はギャラリーにおける「ふれあい」にありました。人々が集まり交流できる仕組みが備わっているのです。横井さん自身がギャラリーに常駐し、お客様のご案内をします。鑑賞後は、お茶の町らしく、おいしいお茶とお菓子が用意されており、そこでまたおしゃべりが弾みます。

また、展示の作家さんができるだけギャラリーに来て、作品の説明を行うので、狭いギャラリーにあちこちテーブルを中心に人の輪ができるのです。

お客様は決して絵を見に来ているだけではないのです。

もちろん素晴らしい作品も大事ですが、絵を通じての楽しいおしゃべり、横井さんの底抜けに明るいキャラクターに元気をもらい、ちょっとした非日常を味わいに来ているのかもしれません。

コミュニティが失われている現在、ギャラリーを通じた新たな「ふれあい」の取組みとして、その存在価値はますます高まることでしょう。

（鈴木 良夫）

083 墓石屋さんからのメール

お彼岸の中日が過ぎて一通のメールが届きました。六年前にこの世を去った父親の墓地を世話してくれた墓石屋さんの「大野屋」からでした。

我が家は東日本大震災のことで精一杯でした。今春のお彼岸の墓参りに行っていなかったのです。自宅から遠く離れた父親の墓参りは、半日がかりの仕事になります。

我に返り、申し訳ない気持ちで、急にお墓は無事なのか不安になってきました。

この春のお彼岸は日本中が殺気立ち、ご先祖様の墓参りをしたくてもできない、それどころではなく、震災対応に追われた人達が多かったに違いないと「大野屋」は思ったのでしょう。お彼岸後のお墓を見れば、おおよその様子がわかるはずです。

常日頃から命日やそれに伴う法事の案内、様々な情報の提供など細やかに発信してくれます。私達が知らない仏様に関する知識を命日に合わせ送ってくれるので、大変役に立っています。

今回のメールは普段の内容とは異なるものでした。大地震によるお墓の無事を知らせる報告でした。管理しているお墓を担当者が一基ごとに見回った結果を知らせるものでした。

多くの方が大震災のために墓参を中止したものの、地震による倒壊・破損など心配であったために大いに安心したのです。こちらから依頼をしたわけではありません。この墓地は総数数万基という大規模な墓地で、もちろん大野屋一社だけの墓地ではありません。

我が家の墓を探すだけでも大変なことだと思います。あちこちに点在するお客のお墓をお彼岸の中日を過ぎた限られた時間で巡回・点検されたことを思うと頭が下がります。この墓地だけではないはずです。このようなサービスを期待していたわけでもありませんので大変嬉しくなりました。

メールによるとあくまでも目視しただけなので細かくチェックされていないことを添えてありましたが、気持ちは十分伝わってきます。

改めて遺族が墓参をしたときにお墓を細かくチェックする方法や気をつける注意点などが細かく指示されていました。滅多に縁がない墓石屋さんがこんな細やかなサービスを提供してくれることが驚きでした。

（野口 具秋）

084 B級グルメ店での心温まる気遣い

静岡にはB級グルメで話題になった「富士宮やきそば」があります。同じように富士市の吉原商店街には、「つけナポリタン」というものがあります。テレビの番組で勝利し、ご当地グルメとして認定されたそうです。そのナポリタンを食べに富士市へ行ったときのことです。

昼を少し回り、十二時半ごろ店に入りました。店内は落ち着いたカフェ風の喫茶店で、店内はそこそこの入りでした。

女性店員さんが来て二人がけの席に案内してくれましたが、「昼過ぎでもう混まないだろう」「男二人でカップル席もないだろう」と思い、四人がけの席を指定しました。

すると、女性店員さんは「店内が込んだ場合は移動していただくことがありますが、よろしいでしょうか?」と言いました。これから混むことはないだろうと思いながらも「ハイ、いいですよ」と気軽に答えました。

料理が運ばれてきて食べていると店内がにぎやかになったような気がしました。そして食事が済んだころ、先ほどの女性店員さんが来て、「お店が混んでしまったので移動していただけますか?」と聞いてきました。

まさかお客が増えて席を移動することになるとは思いませんでしたが、もちろん気軽に応じ、その席には五人の家族連れが座りました。

移動した席で食後のコーヒーを飲んでいると、先ほどの女性店員さんが「席を移っていただいてありがとうございました。お礼にデザートをどうぞ」とアイスクリームを持ってきてくれました。

指定された席に座らなかったのはこちらです。約束通り移っただけなのに、デザートまで出してもらって、嬉しいような恥ずかしいような楽しい気分になりました。

(水野 信一)

085 シュークリームの有名店の、さりげない対応

ある日、シュークリームを買いに行くことにしました。引っ越してきたばかりで周囲のことはわからず、時間も夜の八時でした。会社の同僚にシュークリームのおいしい店はないか電話してみると、「シューマン」を紹介されました。空いていることを祈りながら車を飛ばして行ったところ、ちょうど閉店直後という感じでドアは閉まっていましたが、店の中は明かりがついていました。ガッカリしながら駐車場でUターンをしようとしたときに、私の車のライトに気付いたのか店内から女性の店員さんが出てきました。そして「すでに閉店なので品数は少ないですが、よければどうぞ」と言って開けてくれました。

ホッとして、「実は障がいのある次男が……」と話したところ、「気付いてよかったです。これをお子さんに」と言っておまけまでくれました。お目当てのシュークリームは売り切れでしたが、おいしそうな商品を購入でき子ども達も大喜びでした。数日後、今度こそシュークリームをと思い、行ってみると駐車場は一杯で行列ができていました。後から知ったのですが、シュークリームの有名店だったようです。確かにシュークリームもおいしかったですが、初めて訪れた私に対しての店員さんの対応に感激でした。（望月 伸保）

086 トラブル時の、互いに納得する対応

久し振りの休日と思いきや、レンタルCDショップに借りていたCDが五枚もあるのを思い出して、慌てて車を飛ばして、朝十時の返却ボックスにCDを返却しました。

その後、まだ小さい娘と公園で遊んでいると、レンタルCDショップから私の携帯電話に連絡がありました。

「CDはご返却いただきましたが、カバーと中身のCDの種類が違います。延長料金を頂きます」と、いきなり切り出されて、正直、ムッとしました。

自分が間違えたのだから仕方がないのですが、あまりも唐突だったからです。

私は、「故意じゃないんだから、もう少し言い方があるでしょ」とやんわりと言い返しました。

「ルールですので、延長料金を頂きます」と、再度きっぱり。

「了解しました。後で、ケースを持って行って、その際、延長料金は払いますから」と言って会話は終わりました。

娘と公園で遊び終わって、CDケースを返却しに行きましたが、今度は、「延長料金は

要りません。こちらの連絡が十時を過ぎていて遅くなりましたから」と料金を受け取らないのです。

「いいですよ、間違えたのは私ですから払います」と言いましたが、どうしても延長料金を受け取ってくれません。

お客さんには、ルールをしっかり知らせる必要がありますが、本当に延長料金を取るとあまり良い印象にはならない。自分たちの不備を理由にして受け取らないとは、落とし所がうまいなと感じました。

以前、行きつけの理容店でも、同様に落とし所がうまいと感じたことがあります。日曜の散髪は、いつも朝一番に予約しています。散髪をした後の休日の時間をたっぷり使えるからです。ところが、不覚にも寝坊してしまって、予約時間の一時間を理容店にとっての空白にしてしまいました。

サービス業では、お客様が居なければサービスは提供できません。そのため、過ぎ去った時間は、二度と返ってこないのです。

私は、平謝りをして通常五千円の散髪料のところを二回分の一万円出しました。最初は、店主は断りましたが、私もバツが悪いので何とか納めてもらいました。

そして、いつものように、ちょうど一か月たった日曜日、散髪に行った際、トニックやスプレーといったお返しが用意されていました。

お金をそのまま返したのでは、お客さんの思いを無駄にしてしまいます。しかし、受け取ったままでは、長年、利用しているお客さんに申し訳ないと思ったのでしょう。

二つのケースですが、お店とお客さんのお互い気が済むことが大切だということを学びました。何か人にプレゼントをする際、相手が受け取りやすいように、現金でなく、商品券や品物で渡すことがありますが、相手を思いやり、かつ両方の顔が立つといった大事な気遣いだったんだなと、気付いた二つの出来事でした。

（藤井 正隆）

087 花嫁修業は、このお店で

「たこ満の女性店員さんには、お金を払ってでも、お嫁さんに来てもらえ！」と地元遠州一帯で言われていると、以前どこかで聞いたことがありました。先日、たまたま新幹線で乗り合わせた方からも同じ話を聞いて、「たこ満というお店は、一体どんなお店なのだろうか？」と興味を持った私は、早速行ってみることにしました。

一歩店内に入ると、元気な挨拶とともに、おいしいお茶を入れて下さいます。試食の種類も豊富で数多く、ちゃんと味を確かめながら、ゆっくりお菓子を選ぶことができます。

一通り買物を済ませたお客様がお店を出ると、車に乗り込み駐車場から出発するまで、店員さんはお店の外でお見送りをして下さいます。走り出した車に深くお辞儀をしてから、お店の中に戻るのです。私はその光景を目にして以来、安心してこのお店を訪問し、姪っ子が大好きな、にんじんゼリーとトマトゼリーを購入するようになったのです。

そんなある日、お店に立ち寄った際に、少しお腹が空いていたので、車の中で食べようと、シュークリームを一つ買って、お店を後にしました。

高速道路に入って、サービスエリアに車を停めて買物袋の中をのぞくと、中に入っているはずのシュークリームが入っていませんでした。

おかしいなぁ？　と思い、レシートを見ると、確かに代金は入力されています。会計の際に、私が途中で追加したので、きっと慌てて忘れてしまったのだろうと、「また立ち寄った時に商品を頂こう」という軽い気持ちで、お店に電話をしました。

電話に出たその店員さんは、大変申し訳なさそうに謝って下さいました。私は、「次回お店に寄ったときに商品を頂ければ構わない」ということを伝え、電話を一度置いたのですが、すぐにその店員さんから電話がかかってきました。

「やはり住所を教えていただき、お詫びをさせてほしい」という内容でした。

それから数日たって、その方から個人名の小包が一つ届きました。その中には店員さんからのお詫びの手紙と共に、たこ満のお菓子が入っておりました。

私は、これこそサービス精神の鑑《かがみ》だと感じました。たこ満の会社全体に浸透する「おもてなしの心」に深く感銘を受けた瞬間です。

「たこ満の女性店員さんには、お金を払ってでも、お嫁さんに来てもらえ！」

この言葉は、どうやら本当のようです。

（望月 輝久）

088 クレーム客とファンは表裏一体

先日、プリンターのインクが切れそうだったのと、妻からは掃除機の紙パックと電気ハブラシの替えを買ってくるように頼まれたので、近くの家電量販店に買いに行きました。その家電量販店では、掃除機の紙パックは四階、電気ハブラシは二階、プリンターのインクは地下一階で売っています。

各階精算は面倒なので、一括で精算できないのかなと思いながらも、レジの前やエスカレーターの辺りを目を皿のようにして見渡してみましたが、どこにもそのようなことは書いてありませんでした。店内放送でも一言も言及がありません。そのため、各階で精算をしないで、掃除機の紙パックと電気ハブラシの替えとプリンターのインクを持って地下一階のレジに行きました。

すると店員さんが、「お客様、すみませんが各階精算でお願いします」と言いました。店員に各階精算できるかどうか確認しなかった私が悪いのですが、「各階で精算して下さいとはっきり書いておいたほうがいいですよ」と言いました。はっきり書いておかないと、同じように各階精算をやり直す人がほかにもいると思ったからです。

私は素直に従って各階で会計を済ませました。売るほうと買うほうはフィフティ・フィフティと頭ではわかっているものの、しばらくは気持ちが釈然としませんでした。

帰りの電車の中で、「私が店員ならどうしただろうか？」と自問自答しました。私が店員なら、社内ルールではなく、顧客目線で対応したでしょう。物の溢れる時代なので、物を売るだけではなく、感動を売らなければなりません。私が店員ならば、自分が各階を走り回って会計を済ませてくると思います。顧客からすると、こんな消耗品でも、コンシエルジュサービスをしてくれたと感動するに違いありません。そして、感動のサービスを周りに言いふらすでしょう。ブログに書き、ツイッターでつぶやくに違いありません。

しかし、店員さんはそのような教育を受けていないのかもしれませんし、そのようなことをすると、あいつは余計なことをしていると周りに怒られるのかもしれません。そう考えると、その店員さん個人の問題というよりも、その家電量販店の店長や社長の問題ということになると思いました。いろいろありましたが、クレームはファン獲得の絶好のチャンスということを教えてくれるためのハプニングだったのだと思いました。そう考えることができたので、家に着くころには気分も晴れてきました。

（富永 治）

089 新しい発見ができる美容院

髪を切る店というのは世の中にたくさんあります。理容院・美容院・千円カット等顧客のニーズによって集客層は異なり、またお店によっても接客やサービス、設備も異なってきます。私も今までに多くの美容院を利用してきました。そんな中でよく利用する美容院は池袋にあるA店です。

私がここのヘアサロンを利用するようになったきっかけは、何か変わった雰囲気のところがないのかなとカタログで探していたときに、ふと目に留まったお店だったのです。予約をしてお店に行ってみると、元気の良いスタッフが迎えてくれました。私はキョロキョロ周りを見ながら、カルテに自分のことを書いて待ちました。担当してくれたのはMさんという女性でした（後に店長であることを知ったのですが、この人が担当者でなければ継続して利用することにはならなかったでしょう）。

私にとって髪を切るということは、自分でもできることですし、一定の技術水準が確保できるからこそヘアサロンが乱立していると思います。その中で他のお店と差別化しなければならないのはやはり接客の面だと思います。

私がA店を気に入った理由は、違った視点を教えてくれることです。

よくアパレル関係の接客を見ていると、お客に合わせ物を売るというスタンスを目にします。特に私は店員がよく知らないことに対して曖昧に相槌を打つことにうんざりしていました。そんな中、自分の考えをお客という壁を越えて話してくれたMさんは私にとっては新鮮でした。

経済や英語教育、映画監督の視点について議論したり、時には一時間以上かけて自分の長所や短所について話し、髪を切りに来ていることを忘れさせてくれるひと時を過ごします。自分と違ったタイプの人からの視点を得ることは、私にとって斬新なことです。しかもそれがヘアサロンという場から得られたというのは、Mさんの人柄と、顧客視点をいち早く汲み取るという技術があったからでしょう。

忙しい都会の中でその忙しさを忘れさせてくれるこのA店は私にとって癒しの場です。

このA店にしかない雰囲気とMさんの接客スタイルが後継のスタッフに受け継がれていくことを切に願います。


（芹澤　和樹）

090

温泉旅館は感動サービスが一杯

穏やかな春の日射しの中、震災後、節電のため熱海・伊東と電車を乗り継いで東伊豆・北川《ほっかわ》温泉郷にある老舗旅館「望水《ぼうすい》」に出かけました。静かな駅前の坂道からのぞく海景色に満足しながらゆっくりと歩みを進めます。

この街は、四軒の温泉宿しかない小さな温泉郷です。特に「望水」は海岸に突き出た露天風呂が有名です。客室四十部屋ほどで隅々まで目が届く規模です。

館内に入った瞬間から、たくさんの心浮き浮きするサービスが用意されています。遠く大島を一望できるロビーに案内されました。早い時間なので、しばらく一休みを決め込んでいました。大きく切られたガラス越しの景色は外界との決別の演出です。さっそくウェルカムドリンクのこぶ茶が運ばれてきました。午後であれば早い入館もＯＫです。

「よくいらっしゃいました」と名前を呼ばれて振り返ると、社長の近藤さんです。確かに数か月前お会いしましたが、今日はまだフロントで名前までは名乗っていないのです。素敵な笑顔と素晴らしい記憶力に思わず感動してしまいます。

七階にある部屋に案内されました。海が迫ってきます。二度目にびっくりしたのは部屋の広さでした。その空間に驚きの声を出すのでした。客室は十六畳、次の間は八畳の和室と八畳分の洋室が用意されて、座ると両方向に雄大な海原が一望できます。上がり口にも六畳ほどの畳が敷かれ、トイレと内風呂は全く別に設備されているのです。

早速仲居さんに浴衣を合わせていただき、四階にあるプライベートバスルームの露天風呂へ案内されました。一時間は誰でも独占になります。

客室を改造したこの風呂は四部屋用意されています。波の音と源泉かけ流しの湯の音だけが聞こえます。明るい湯船に腰かけ海原を展望するもよし、休憩室のゆったりとした長椅子から風呂景色と蒼い空を見るもよし。喉が渇いたら湯船の傍らにさりげなく鉢一杯の氷とともに涼しげなガラス瓶に冷たい水が準備されていました。静かに一時間が過ぎてしまいました。

みんなの前にはお造りが並び、私の前に伊勢海老の鬼殻焼きが置かれました。ロビーで社長と話をした際、「刺身よりステーキが好き」と私が言った何気ない言葉を聞かれて、調理場にナマでないものを指示されていたのです。地元の浜で上がる魚介類、静岡県内産の銘酒。一つ一つにこだわりとおもてなしの心が満ちています。

（野口 具秋）

091 掃除がもたらす効果

弊社では月に一度全体ミーティングを行っているのですが、その日は全員がぎりぎりまで作業をしていて、最後の片付けと掃除が手付かずのままミーティングが始まりました。

ミーティングが予定の時間よりも早く終ったので、私が「何かほかに話し合いたいことはありますか？　もしなければ今からどうしますか？」と社員の皆さんに問うと、弊社で一番の古参社員さんが「だったら今から全員で掃除をしてはどうか」と提案してくれました。

今でこそ、弊社にとっても掃除は立派な仕事の一つですが、先代の社長は「掃除なんか二の次でいい。まずは仕事しなさい」という考えで四〇年近くやってきましたので、工場内にごみが落ちていても知らん顔、などというのは当たり前でした。

そんな中で働いてきた社員さんから「皆で掃除しよう」という言葉が出てきたことに、私はとても感動しました。

その後、それぞれが箒とちりとりを持って掃除を始めたのですが、普段は別々の場所で作業をしていることもあって、とても良いコミュニケーションの時間にもなりました。終業時間を過ぎてしまったほどです。

するとこの度は若手の社員さんから、「この掃除の時間はとても良かった。ぜひもう一度やりたい」と感想をもらいました。

社員さんが自主的に考え行動することで、会社には何が不足しているのか、また、お客様や取引先様は何を望んでいて、何を提案できるのか、などを考えるきっかけになるのかもしれません。そしてそれが、自分達や周りの方々を感動させられるサービスにつながるように、努力し続けなければならないと思います。


（福井　琴美）

092 ラーメン屋での出来事

「心に響いたサービスは？」と聞かれて真っ先に思い出すのが、山手線のとある駅近くのラーメン屋での出来事です。東京での一人暮らし、休日はもっぱらエスニック料理屋や珍しい店を探し歩き、雑誌で見かけた店などをチェックして、自分なりの「うまいものリスト」を作っていました。当時住んでいた街にも気になる店がいくつかあり、中でも駅前はラーメン激戦区で、何店か軒を連ねていました。ある休日の昼下がり、駅を降りて家に向かう商店街の道すがら、普段なら完全に素通りしていた何の特長もなさそうなラーメン屋に、その日に限ってなぜか立ち寄ってみようと思いました。階段を二段ほど下りた半地下の店内は意外にも広く、真ん中の厨房を囲むようにカウンターが並び、店の隅の天井近くの壁に据え付けられたテレビからは、昼のワイドショーが少し大きめの音量で店内に響いておりました。すでにいた二〜三人の客は等間隔に座っており、私もその秩序を乱さぬようカウンター席に着きました。目の前には少し油の染みたメニューがあり、表面にはラーメン、裏面には定食メニューが書かれてありました。腹ペコの私は、「ラーメンライス」という明らかに栄養に偏りのある炭水化物のセットを注文し、傍らにあったマンガラックから、やはり油の染みた『ヤングジャンプ』を手に取りました。マンガに夢中になっていると、「ヘイ、お待ち！」と店員の声で現実に引き戻されました。目の前にある「ラーメンライス」は、どこにでもあるような何の特長もないもので、私はラーメンに胡椒を少し振り入れ、さっさと食べはじめました。マンガを読みながらの食事は、味を楽しむというより単に腹を満たすという行為にほかなりませんでした。一通り食べ終えた私はしばらくマンガを読み続けた後、ゆっくりと腰を上げました。すると、店の奥のほうから「ありがとうございました」と、店内にいたこの数十分間一度も耳にしなかった女性の声が聞こえ、その女性店員がレジの近くにいた私の席のほうへ歩み寄って来ました。軽く会釈をして再び「ありがとうございました」と言いながら、彼女は私の伝票と千円札を受け取ると、「三二〇円のお返しになります」と言って微笑みを浮かべ、私の手を両手で包み込むように、いや実際に包み込んでつり銭を渡しました。その手の離れない内に、彼女は優しいまなざしをまっすぐ私のほうに向けながら「また、ぜひいらっしゃって下さい」と言いました。ラーメン屋の外観、店内の雰囲気、ラーメンの味、そのすべてを覆す接客サービスが、一番最後に待っていました。今でもふと思い出します。

（黒沢 親史）

093

心で届ける南国の味

沖縄県に、地場産品を全国に販売している通信販売のUという会社があります。

私は沖縄のとある健康茶を製品化したいと考え、生産・直売・卸をしているAという業者さんにメールで問い合わせをしました。

非常に好意的な対応を頂き、すぐさま返信メールとともに価格表を頂戴しましたが、肝心な現物のサンプルの入手方法についての指南がありませんでした。また再び問い合わせても返事を頂けませんでした。A社は小さい会社で、代表者が生産から販売まですべてを手掛けていて、非常に多忙なことはわかっていました。

しかしこちらにも時間がありません。ホームページの直販サイトから商品を購入しようと考え、注文しました。そのとき、備考欄に「先日お問い合わせをした○○という者ですが、時間がなかったのでこのサイトからサンプル分として購入します」と記入しました。

翌朝、見慣れないUというショップからメールが届きました。その内容は「備考欄拝見し調査しましたが、以前○○様よりお問い合わせを頂戴したことがございません。恐縮ですが、どういった旨のお問い合わせでしょうか？」というものでした。

ここで初めて、A社の直販サイトではなくA社の卸し先であるU社のネットショップで注文をしてしまったことに気が付きました。私は、自分が何者か、これまでの経緯をすべて記し、そのうえで商品を購入したいという内容のメールを送信しました。

すると、その日の夜に店長からメールを頂きました。

「事情はわかりました。沖縄には良くも悪くものんびりとした気質があり、私もよくこれに悩まされますのでお察しします。ご注文いただけることは非常にありがたいのですが、〇〇様にご注文いただいた△△という商品はギフト用です。ご自分用ということでしたら、××という同じ内容のお得な（安い）商品がございますが、いかがいたしましょう？」という内容です。

どういった事情のお客様でも、目先の利益を追うのではなく心のこもった対応をしよう、そんな店長の姿勢が伝わってくるような温かいメールでした。

結局注文は変更せず、そのままギフト用の高いほうを気持ち良く購入させていただいたことは言うまでもありません。

（木村 良太）

094 生きたくても生きられなかった人達のために

広島の原爆投下から三日後、昭和二十年八月九日に長崎へ原爆が投下されました。

十九歳だった米田チヨノさんは爆心地から一キロ離れた長崎市油木町で被爆しました。

終戦から六十五年の歳月が流れた夏の日、「原爆で死ななかったのは偶然だったの……」とゆっくり当時のことを話しはじめてくれました。原爆投下の日、普段なら爆心地近くの工場で仕事をしているはずですが、当日は空襲警報が発令されていたため、爆心地から離れた自宅近くに避難していたことで命拾いしました。アルバムから大切そうに一枚取り出して見せてくれたのは、原爆投下前に撮影された、友達と一緒に笑顔で映っている数少ないモノクロ写真でした。そして、「これが私」とチヨノさんは自分を指差し、続けて「私以外のお友達はみんな死んだわ」「原爆にやられたの」と教えてくれました。

原爆の直撃を受けて亡くなった方、間接的に放射性物質の影響を受けて亡くなった方、「そのすべての方が戦争の被害者であり、原爆の被害者です」とチヨノさんは言います。

現在、日本には約二十二万人の被爆者(被爆者健康手帳保有者)がいらっしゃいます。年々その数は減り、同時に戦争や原爆の恐ろしさを伝えてくれる方も減っています。

私がチヨノさんとお会いするきっかけは、東友会（東京都原爆被害者団体協議会）からのご紹介でした。「戦争を知らない若者に、繰り返してはいけない真実を伝えて下さい」というお願いにチヨノさんが快諾してくれたのです。

チヨノさんは、原爆被害者としてご自身の体験談を後世に伝える〝語り部〟という活動を二十年以上もされています。お会いした際も「被爆者が若者に伝えたいこと」というテーマで、生きたくても生きられなかった人達の話を一時間にわたり話してくれました。

今年で八十五歳になるチヨノさんが〝語り部〟を始めたのは六十歳のころからです。ということは、終戦から約四十年間は表立ってこのような話をされなかったのです。

実際、チヨノさんも「被爆者として辛い差別を受け、人に話したくもありませんでした」と沈黙の四十年間について心の内を明かしてくれました。

そのチヨノさんが辛い記憶の扉を開け、話をしてくれる理由はただ一つ。それは、「なんで私が死ななきゃいけないの」「死にたくない」「もっと生きたい」と言って亡くなった方達のために「同じ過ちを二度と繰り返さないことが先立ったみんなへの供養」、そのためにチヨノさんは命ある限り、今日もどこかで語っています。

（門田 政己）

095 シャイなオーナーの笑顔に大満足

青森県十和田市に、小売店舗兼レストラン「ラム肉専門店　ラム善」があります。

木目調のお店は座席数が二十席弱、全面に田んぼが見える素晴らしいロケーションで、店員さんは、オーナー他一人。オーナーとお会いするのは二回目ですが、一回目は、仕込みや受注等、忙しそうな状況でお話しできなかったのです。今回も話しかけてみたのですが、興味がなさそうな感じです。しかし、お酒が入ってきて、心を開いてくれたのか、ラム肉の説明や、生産の方法、十和田地区は昔よく羊を飼っていたというお話をしていただきました。

年間で三頭しか取れない階上《はしかみ》産ラム肉の切り身を頂きながら、オーナーから直接お肉のストーリーを聞き、おいしさ倍増でした。

おもてなしと景色に大満足し、いざ精算。領収書を見てびっくり、四人＋オーナーで一万円でした。それは悪いと同行者にも伝えましたが、オーナーは素敵な笑顔で、「いやいや、私も講師させていただいて、勉強にもなるし、皆様とお知り合いになってとても嬉しいんです」とおっしゃっていただき、とても清々しい気持ちになりました。（佐藤　浩司）

096 教え子達を幸福にしたい

全国には、一般企業には就職できなかったが、働く意欲のある障がい者が働いている「作業所」が約六千五百か所存在し、そこで働いている障がい者は約十四万人います。

しかしながら、その実態は劣悪で、例えば、一人当たり一か月の平均収入（工賃）を見ると、全国平均で約一万三千五百円程度、中には三千円という障がい者もいます。

もとより、一か月十九日、一日平均約七時間働いており、福祉年金があるとはいえ、一か月の収入総額は十万円以下が大半なのです。こうした低賃金の原因は、障がい者の止むを得ない生産性の低さにもありますが、より大きな原因は「作業所」の経営や、生産している「仕事内容」そのものにあると思います。

というのも、「作業所」で生産している商品には、大きく下請製品と自主製品の二つがあります。下請製品の大半は、自動車部品や電機部品、更には雑貨製品等の二次や三次の仕事といった、総じて低付加価値の製品です。

加えて言えば、これらの仕事は低単価であるばかりか、総じて、好不況によりその生産量が大きくぶれてしまい、雇用が常に不安定なのです。一方、自主商品とは言っても、作業所の商品開発力や販売力の不足もあり、「低価格」を売り物にした、縫製品・木工品・一般的食品等が大半なのです。

これでは、「作業所」で働く障がい者ばかりか、支援している職員の収入も少なくなるのは当然だと思います。

こうした実態の中で、異彩を放っているのが「はらから福祉会」です。「はらから福祉会」は一九八三年、宮城県内のある養護学校（現特別支援学校）の教員有志と、障がい者の父母の会が、子ども達の未来のために立ち上げた「はらから作業所」が前身です。

設立の中心メンバーが、当時現職教員であった現理事長の武田さんです。武田さんは大学卒業後、普通高校の教員となりましたが、数年後、養護学校（現特別支援学校）に異動になった方です。

その実態に驚くとともに、障がいのある生徒達の幸福の「最高の手段」である就職先の確保に全力を尽くしましたが、企業の協力はあまり得られませんでした。

こうしたこともあり、学内の反対を受けつつ、有志の同僚教員と父兄とで、卒業した障がい者の受け入れ会社としての「はらから作業所」を任意団体として開所したのがきっかけでした。

その後、「はらから作業所」の設立認可を機に、武田さんは五十四歳で教員生活に別れを告げ、作業所の経営・障がい者の就労支援にまさに全身全霊であたってきたのです。

努力と苦労が実り、現在では宮城県南部に「作業所」が約十か所、そこで就労している障がい者は知的・精神・身体を合わせ約三百名、支援している職員数は約百名という、我が国最大規模の「作業所」にまで成長発展したのです。

現在の中核的商品は、試行錯誤を重ね、景気の変動があまりない「豆腐」「湯葉」「豆乳」「おからかりんとう」そして「レトルト商品」等で、その商品を今や全国各地に販売しています。

余談ですが、三月十一日に発生した東日本大震災では、「はらから福祉会」も工場を半壊させるほど大きな被害を受けました。

その際、当会のご苦労と正しい経営を賛美する全国の真の強者が一斉に立ち上がり、当会の商品を買い続け支援をしました。ちなみに私も、私の研究室に所属する学生達もその一人でした。

（坂本 光司）

097 お客様に電話で「お帰りなさい」

沖縄県那覇市の国際通りに、沖縄教育出版という中小企業があります。主事業は健康食品や化粧品の製造小売です。小売といっても通信販売が主です。

もともとは、沖縄教育出版という社名の示す通り書籍の出版業でしたが、現社長の川畑さんの病気をきっかけに、現在の業態に事業転換をしたのです。

また、それを機に業績重視の経営から、人重視、人の幸せ重視の経営に変えました。それ以来業績も順調に伸び、すでに売上高経常利益率一〇％以上の好業績を持続しているのです。

先日当社を訪問した折、そのサービスの一端を見ることができました。それは夕方六時ごろのことです。一人の女性スタッフが、たまたま県外のお客様と電話をするところでした。その女性は、電話口に出たと思われる相手の方に、まずは「お帰りなさい」と温かい声をかけたのです。その言葉に、この会社のサービスのすごさを直感しました。

それから、最後にその女性スタッフは、「では今年の夏、楽しみに待っています。必ず来て下さいね」と電話を切ったのでした。

五～六分の電話中、そのスタッフは自社の新商品を買ってくれなどといった、セールスの会話は一切しませんでした。

私はこのスタッフから電話の様子を一部始終聞きたくなりました。川畑さんの了解を得て、彼女から話を聞くことができました。その女性スタッフはおおよそ次のように話してくれました。「電話をかけたお客様は、七十歳代の大阪の女性で、アパートに一人暮らしをしている方です。週三日ほど近所のスーパーマーケットにパートで働いている方です。五〜六年ほど前から体調を崩し、今は右足を引きずりながら歩く生活を送っている方です。この方は仕事が終わると、いつも夕方六時頃アパートに帰ります。ですから、六時に電話をし、まず『お帰りなさい』と声をかけたのです。お客様は今日一日あったことを話してくれ、最後に体の調子がだいぶ良くなったので、今年の夏は、私に会いに沖縄に行こうと思っている、と言ってくれました」と。

その女性スタッフに、「毎日電話をかけてあげているのですか」と聞くと、その女性は、「毎日かけてあげたいのは山々ですが、お客様が多く、そうもいきません。」と言いました。

私は「どうかこれからも時間の許す限り、今日かけてあげたそのお客様に電話をかけ続けて下さい」と彼女に嘆願しました。

（坂本 光司）

098 喫茶店のようなカーディーラー

高知市の郊外のロードサイドに、ネッツトヨタ南国というカーディーラーがあります。その卓越したサービスには、いつも感心させられます。

最初に訪問した日、横田会長（現相談役）に一四時ごろお会いするため、高知市に出かけたのですが、私はあえて一〇時ごろ訪問しました。本当のサービスを確かめたかったからです。その日は、一般客を装いショールームに入っていきましたが、まず驚かされました。美しいショールームの中には、売り物の「自動車」が一台も置いてなかったからです。

間もなく素敵なユニホームの女性スタッフが私に近づいてきて「おはようございます。お好みの席はありますか？」と言ったのです。この挨拶にもまた驚きました。というのは、仕事柄、様々なレストランや喫茶店に行く機会が多くありますが、たいして混んでもいないのに、座りたくもない、とんでもない場所に無理やり座らせられることが、正直多いからです。

角の席に案内していただき座っていると、そのスタッフはメニュー表を私に見せ、「お好きなものをどうぞ」と言いました。見ると、下手な喫茶店よりはるかにメニューが豊富で、昆布茶やアイスクリームまで書いてありました。その日はコーヒーを頼みましたが、その味は、二流の喫茶店で出される茶色い水のようなコーヒーではなく本物でした。

ショールームの中の書棚にあった新聞を取り出し読んでいると、カジュアルな服装をした一人の男性が入ってきました。すると別の女性スタッフが、その男性に近づき「○○さん、おはようございます。いつもの席は先約の方がいらっしゃるので、別の席でいいですか？」と声をかけながら、席に案内しました。そして、その男性に「○○さん、いつものコーヒーでいいですね」と言ったのです。更に驚かされたのは、コーヒーが運ばれてきた後に、その女性スタッフは「○○さん、この前は、魚、釣れましたか？」と質問をしたからです。

私は、午後再び当社を訪問したとき、その女性スタッフに「あなたが親切をしたあのお客様は、前回はいつ来られたのですか？　あなたはあのお客様の主担当なのですか？　あなたはなぜ魚釣りの話をしたのですか？」と質問しました。その女性スタッフは、その問いに笑顔で完璧に答えてくれました。


（坂本 光司）

099 全社員とその家族が千羽鶴を持って駆け付けてくれた

大阪市に、サンコーという名の中小企業があります。十数年間、赤字でした。

こうした状況に我慢の限界を超えたメインバンクがようやく乗り出し、銀行管理下とするとともに、創業社長を交代させました。そして、新しい社長が再建社長としてやってきました。その社長の名前は下泉さんという方です。

下泉さんの前職は大手有名企業の部長職でした。勇退後、本社の人事部の「人財紹介バンク」に登録されるや、下泉さんご指名で多くの関係会社から「ぜひ我が社に……」と要請がありました。しかも、その大半は、社長や副社長職としての求人でした。

下泉さんの人柄に関する一つのエピソードがあります。

それは下泉さんが本社の資材部長を拝命したときのことです。下泉さんは全スタッフを集め、「この職場には外部から多くの企業が受注相談や売り込みに来ると思います。どんな方が来られても温かく迎えてあげて下さい。何もお役に立てなくても、座っていただき、せめてコーヒーの一杯くらいごちそうしてあげて下さい」と言いました。この言葉だけで、下泉さんの人柄は瞬時にわかります。

ともあれ、下泉さんは本社の人事部に求人のあった〝安泰を約束された関係会社〟には行きませんでした。そればかりか、あえて火中の栗を拾うような道を選んだのです。しかしながら、下泉さんはこの会社を何と一年で黒字化してしまいました。この間、新鋭設備を導入したわけでもありません。もとより誰一人として犠牲にしませんでした。奇跡のような話です。下泉さんは赴任するや、身を粉にし、社員と社員の家族の幸福のために尽力するとともに、社員一人一人に心熱くなる愛情を注ぎ続けたのです。

当初は疑心暗鬼であった社員も、「この人は私達の家族の命と生活を守るため命がけで仕事に取り組んでいる」と、次第に下泉さんに尊敬の念を持つように変わっていきました。余談ですが、黒字の報を聞くや、下泉さんは体調不良で病院に運ばれました。診断結果は臓器の多くにガンが発生した末期ガンでした。その後、生死をさまようような大手術を受けましたが、奇跡的に退院・復帰したのです。

手術の折のエピソードがあります。当日は全従業員が家族全員で折り続けた祈りの言葉を書いた千羽鶴を持って、病室に駆けつけました。そして社員の一人が「社長、退院される日まで指示を守り頑張って待っていますから」と手渡したのです。

（坂本 光司）

100 絶対にノーと言わない食品スーパー

東京都内に食品スーパーを多店舗展開する「オオゼキ」という会社があります。

ちなみにオオゼキという社名は、相撲の番付の大関からとった名前だそうです。誰からも一目置かれる、存在感があって、常により高きを目指す努力をする企業でありたいという意味だそうです。

もともとは、下町の夫婦だけの小さな食品小売業でしたが、こうした姿勢と、奉仕を先に利を後にという、経営の考え方・進め方が、地域住民の心をしっかりとらえ、現在では都内を中心に店舗数約四十店舗、従業員数もパート・アルバイトを含め約千五百名という中堅企業にまで成長しています。

それればかりか、その業績も抜群で、すでに二十一年連続増収増益、その売上高経常利益率も七％以上を持続しているのです。加えて言えば、創業以来、出店したお店で撤退したところは一店もないのです。

この間の我が国大手有名小売業の大半が、業績を低迷させ、店舗のスクラップ・アンド・ビルドを繰り返しつつ、やっと生き残りを図っている経営とは真逆です。

当社が、こうした好業績を持続している要因は多々ありますが、その一つが、お客様に対する満足度の高いサービスです。こんなエピソードがあります。お客様がある雑誌を見て、お店に来たときのことです。

その商品は、一部の地域でしか販売されていない商品でした。しかし当店のスタッフは、その商品の所在を調べ上げ、仕入れ、そのお客様に連絡をしました。

また、パックに入ったお刺身の盛り合わせの中に、お客様が好きでないものが入っているとか、量が少しだけ多いと相談したお客様がいました。このお客様にも、その場で、そのお客様が好むパックに作ってあげました。

こうしたサービスに感動したお客様は、オオゼキを「絶対ノーと言わないスーパー」「私たちの冷蔵庫代わりのお店」と名付けました。

オオゼキの感動サービスはまだまだあります。開店時間のはるか前に店舗に来たお客様のためには、あえてお店のドアを開け、中で待っていただきます。雨の日や寒い日に、開店前という理由で、自分達はお店の中で時計を見ながら、外にいるお客様を待たせるお店とは大違いです。

（坂本 光司）

101 私がおぶって逃げますから

北陸の能登半島に和倉温泉という温泉地があります。場所は正直お世辞にも便利ではありません。汽車で行く場合、米原駅または新大阪駅もしくは京都駅から北陸本線に入り、金沢駅着、そこからJR七尾線に乗り換え、実に一時間半もかかるのです。

しかしながら、この地に全国のお客様から最も注目され、好業績を持続する旅館があるのです。その名は「加賀屋」です。事実、毎年発表される「プロが選ぶ　ホテル・旅館一〇〇選」で三十一年連続日本一という旅館なのです。

しかも、そのお客様の分布を見ると、東京圏が二五％、名古屋圏が二五％、大阪圏が二五％、その他地方圏が二〇％、そして海外からが五％、という全国区の旅館なのです。その値段も一泊二食で一人当たり最低二万数千円、平均が五万円前後なのです。

こうした旅館の存在を知ると、交通利便性や、価格、あるいは商圏人口等の問題を口実に、問題は外と嘆き悲しむ旅行業者の言い分は、全くと言っていいほど通用しなくなってしまいます。

ではどうして「加賀屋」さんは、多くの旅行客に支持され続けているのでしょうか。答えは簡単です。素敵な施設やおいしい料理、そしてユニークなイベントの開催等もさることながら、なんといってもそのサービスのレベルが圧倒的に高いからだと思います。

いつぞやお伺いした折、小田会長から心温まるエピソードを聞きました。

老夫婦が一泊二日で宿泊に来たときのことです。専属の客室係の女性スタッフが、三階にある二人の部屋に行き、部屋のサービスの説明をしました。最後に「万が一でもあっては困りますが、火事や地震があった場合、非常口からの避難になります」と説明しました。

スタッフの説明が終わると、その老夫婦は「すみませんが、さっき説明してくれた非常口を見せて下さい」と、すぐ近くの非常口に足を引きずりながら、確認に行きました。その非常口を見て老夫婦は、「ここですか……。火事や地震があったら、私達は降りられないな」と言いました。

すると、その女性スタッフは、「お客様、大丈夫ですよ。万が一の場合、私がすぐ駆けつけ、お客様達をおぶって非常口を駆け下りますから、心配しないで下さい」と言いました。するとそのお爺さんは「あなた一人もんか？　もし一人もんなら、うちの孫の嫁になってくれないか」と、真剣な顔で嘆願したそうです。

（坂本　光司）

102 もう来るころと思い、コーヒーを温めておきました

宮崎県都城市の郊外に「珈琲館」という社名のレストランがあります。もともとは喫茶店からスタートしましたが、今は市内にレストランを五店舗ほど展開しています。

都城市にとてもサービスが良い小さなレストランがあるという話を仲間から聞き、先日わざわざ行ってきました。訪問した時間は開店前でしたが、入り口にはすでに何人かのお客様が列をなしていました。私は朝礼にも参加させていただきました。入った瞬間空気が違うばかりか、朝礼に参加し、このレストランがなぜ繁盛しているのか、瞬間的にわかりました。それほど空気が良かったのです。

お店で昼食をとりながら、私はおよそ九十分間、スタッフとお客様とのやり取り、お客様の様子をじっと観察していました。この間、お客様からスタッフに声をかける人、注文したいと手を挙げるお客様等は一人もおりませんでした。実にタイミング良くお店のスタッフはお客様のところに駆け寄るのです。

このことについて「珈琲館」の創業者であり社長である志村さんは、「もしも、お客様に手を挙げさせたり、声を出させたりしたならば、明らかに、お客様は気分を害します。

ましてや声をあげても、手を挙げても、お店のスタッフに気が付いてもらえないならば、その瞬間、お店に嫌気がさすのは当然だと思います。アイコンタクトが一番大事です。このことはいつもスタッフと話し合っています」と話してくれました。

当日は、かなり遅い時間まで、お店の中にいたのですが、その間、お客様は入れ代り立ち代りでした。昼食はバイキング形式でしたが、用意されたお皿の食材はこの間、半分以下に減少することは一度もありませんでした。

「珈琲館」で私がもう一つ感動したことは、納入業者に対する思いやりでした。このエピソードも志村さんから聞きました。「野菜やお米などは農家の方や問屋の方が我が社に納品に来てくれます。その方々を、私達はとりわけ大事にしています。私のスタッフはこんなことを日常的にしてくれています。それは、野菜などを納品に来てくれた業者の方に対し、『もう来るころだと思って部屋を暖かくしておきました』『もう来るころだと思ってあなたの大好きなコーヒーを沸かしておきました』と対応しています」。

こうしたこともあり、「珈琲館」に納品に来る納入業者の方々は、仕事が終わってもなかなか帰らないそうです。

（坂本 光司）

103 お好みのパンをすぐ作ります

「商業統計調査」を見ると、平成十九年現在、全国にはパンの製造小売をする、いわゆる「パン屋さん」が一一三三四店舗存在します。しかしながら、十年前の平成九年の統計を見ると一二五九一店舗であり、このわずか十年間で一二五七店舗、率にして一〇％の減少です。こうした厳しい状況を見て、顧客のパン離れの拡大とか、総合スーパー、更にはコンビニエンスストア等の攻勢が主因で、中小のパン屋の努力の限界を超えた問題とする関係者が多いですが、それは誤解と思えてなりません。

というのは、全国各地のパン屋さんを歩いてみると、前述した統計を疑ってしまうような好業績を持続しているパン屋さんが多く散見できるからです。その一社が「クーロンヌジャポン」という社名のパン屋さんです。茨城県の取手市に本店を有し、つくば市や龍ヶ崎市等、茨城県の南部に多店舗展開しています。当社の創業は一九九四年、今年で創業十七年という若いパン屋さんです。

業界全体が縮小傾向の中、なぜ当社は顧客の支持を受けているのでしょうか。その最大の要因は、当社の経営理念・店づくりのコンセプトが、顧客のハートをがっちりとらえたからだと思います。ちなみに、当社の経営理念は「親切が先、商いは後」、そして店作りのコンセプトは、「地域の人々から愛され、必要とされる店作り・人作り・パン作りの追求」とあります。このことを社長である田島さんは「私達の仕事はパンを作り、パンを売ることではありません。感動を創り感動を売ることです」と言います。

こうした経営が、顧客のハートをとらえないわけがありません。事実、私が先日訪問した「つくば店」では、平日の日商、土・日の日商とも、同規模他社の実に三倍以上の売上高になっています。

ちなみに私が訪問したのは平日の午前中でしたが、お店はすでに多くの顧客で賑わっていました。そればかりか、店外に設けられたテラスでは、家族連れの顧客が、無料のコーヒーやカルピスを飲みながら、購入したパンを食べていました。

余談ですが、このお店のサービス度をあえてチェックするため、お店に置いてないことを確かめたうえで、「私は揚げアンパンが好物なのですが、置いてありますか？」と質問しました。すると店員さんは「お時間を頂けますか？　すぐ作りますから」と言ったのです。多くの顧客に支持されているわけが瞬時に理解できました。

（坂本 光司）

104 稼働率九九%の人気旅館

先般、大学院生数名と栃木県の「芦野温泉」という旅館に訪問してきました。

人里離れたこんなにも交通不便な場所に立地し、しかもその周辺には飲食店や小売店など一店舗もない一軒宿の温泉旅館なのに、週末ばかりか平日を含む年間稼働率が九九%という旅館があると仲間から聞いたからです。

周知のように、旅館業界は旅行ニーズの「安・近・短」化や海外旅行へのシフト、更には続々とオープンする都市部の豪華なホテルとの競争激化等もあり、その経営実態は年々厳しさを増しています。

このことを、業界の実態を定点定時観測している「衛生行政報告」(厚生労働省)で見ると、一九九七年当時六八九八二軒を数えた全国の旅館数は、十年後の二〇〇七年統計では五二二九五軒に激減しているのです。このわずか十年間で一六六八七軒、率にして二四・二%もの大幅な減少なのです。それればかりか、競争激化の中で、その稼働率も年々低下し、業界の年間平均稼働率は今や四〇%前後と言われています。

年間平均稼働率が七〇%以上であれば優良旅館と言われるので、「芦野温泉」の九九%

は驚異的なのです。しかもこうした状態が、すでに十年以上も持続しているのです。では、なぜ「芦野温泉」がこれほどまでに顧客の支持を受けているのでしょうか。その要因は多々ありますが、その最大の要因は、価格競争や宣伝競争といった中小企業が決してやってはいけない競争を「芦野温泉」は意識的に避け、歓迎する客層を絞り込むとともに、旅行業者任せではなく自身が主体となり、顧客の心を満たす「感動経営」を全社一丸となって推進してきたからです。

もう少し具体的に言うと「芦野温泉」では、ターゲットを誰でもではなく高齢者、とりわけ後期高齢者に絞り込み、この人達が行きたくなる旅館経営に特化したのです。

ちなみに「芦野温泉」では、定期的に演劇が開催されていますが、私が訪問した当日は、旅館スタッフを役者とした「瞼の母」というタイトルの演劇が開催されていました。

スタッフの迫真の演技もあり、後部座席から約三百名の高齢者の様子を見ていると、ハンカチで涙を拭っている人や、役者の厳しい言動に舞台に向かい涙声で嘆願する人など、その真剣さに驚かされました。また途中、トイレ等のため移動するお年寄りに対する旅館スタッフの親切丁寧な気配りは見事の一言でした。

（坂本 光司）

105 おはぎの販売数量日本一の小さなスーパー

先般、大学院生達十数人と宮城県仙台市郊外の小さな食品スーパーを訪問してきました。場所は仙台駅から車で四十分ほど走った山あいの町でした。温泉好きの人ならば聞いたことがあるかもしれませんが、あの「秋保温泉」の一角でした。

訪問の目的は、仙台市から遠く離れた山あいの町に立地していながら、顧客が追いかけてくる小さな食品スーパーの存在を知り、その実態を調査するためでした。この食品スーパーの名は「主婦の店　さいち」と言います。主婦の店とは言え、あの全国チェーンの主婦の店ではなく、「お母さんの手作りの食材を売る店」という意味です。

お店のコンセプトは「お母さんやお婆さんが台所でよく作っている料理、お母さんやお婆さんが子供のころよく食べた料理の提供」です。より具体的に言えば、「稲荷ずし」「煮物」「ぬかみそ漬け」、そして「おはぎ」などです。更なる特徴は、それら料理を、すべて手作り、かつ防腐剤等一切使用せず提供していることです。

もとより、創業当初から今の業態でもなく、また今のように繁盛していたわけではありません。都市周辺の大規模ショッピングセンターや、大規模食品スーパーの攻勢で、じり貧傾向の中、生き残りをかけ差別化をするための試みでした。その差別化戦略と、店の奥で地元のお母さん方が店の販売状況を見ながら懸命に作る本物の食材の味は、次第に口コミで地域内外に伝わっていったのです。事実、その来店客は年々増加し、平日は約千五百人に達しています。そればかりか、その商圏人口も年々拡大し、地域内が三〇％、地域外が七〇％の割合です。

より驚かされるのは、その回転率・生産性で、当店は店舗面積わずか四十坪しかないにもかかわらず、店舗販売額は約六億円。つまり、坪当たり売上高（坪生産性）は、実に千五百万円になります。ちなみに「飲食料品小売業」の業界平均坪生産性は三百七万円ですから、「さいち」の店舗効率がいかに高いかがわかります。もとより、商品の廃棄率は実質ゼロです。

余談ですが、当店のとりわけ自慢の「おはぎ」の一日当たり販売数量は、平日が五千個、土日が八千個、そしてお彼岸時はなんと二万個です。

こうした繁盛ぶりを見た社長さんの長男が、とうとう大都市のサラリーマン生活にピリオドを打ち、後継者として入店し頑張ってくれています。

（坂本 光司）

106 自分がサービスを受けたくなる人を採用する

鎌倉市の中心部に「鎌倉シャツ」という社名の中小企業があります。主製品は、ワイシャツとネクタイで、従業員数は約百名です。創業は一九九三年、現会長の貞末さんが五十三歳のときに脱サラし、奥様と二人で創業しています。

貞末さんは創業するまで、五つの会社を経験しましたが、勤めていた会社はすべて倒産したそうです。努力し、社長に近いポストに就くと、必ずと言っていいほど、勤めていた会社の社長と、経営の考え方・進め方が違い、喧嘩が絶えませんでした。

こうした状況を見かねた、奥さん（現社長）の「あなたはサラリーマンに向いていない。社長をしたほうがいい」という一言で、会社を興したのです。

創業以来、ほぼ十八年連続増収、この間社員を一人もリストラせず、ここまで成長発展している現実を見ると、いかに貞末さんの経営の考え方・進め方が正しかったかということがよくわかります。

先日、鎌倉の本店を訪問した折、貞末さん、貞末常務、そして四人の女性スタッフから、とても良い話を聞きました。その一つは、仕入先工場に関することです。

平成二十三年三月十一日に発生した東日本大震災で、当社の仕入先工場（外注工場）もかなりの被害を受けました。

その折、当社のスタッフが総出で支援に出向いたほか、発注単価をあえて上乗せしたのです。当社はもともと外注工場を大切なパートナーとして評価位置付けし、決して無理難題を言わない取引をしてきました。あの大震災で、「こんな状況になっても頑張り、我が社の製品を作ってくれている」と、単価を大幅アップしたのです。

そしてもう一つは、当日は私が本社を訪問するということで、貞末常務は、同席希望者を全社員から募ってくれました。そして運良く四人の女性が参加したのでした。

一時間くらいお店の中のテーブルを囲んで、彼女達と情報交換をしましたが、私は彼女達が、この四月に入社した新入社員と後で聞き、驚きました。

聞くと、今年の入社希望者は一万人だったそうです。営業責任者の貞末常務に「一万人の中から彼女達を選んだのは、どこが決め手だったのですか?」と質問すると、常務は「私がお客様だったらどういうスタッフのサービスを受けたいかで決めました」と話してくれました。

（坂本 光司）

107 こんなにも違う新幹線のサービス

先日、久方ぶりに秋田新幹線に乗車しました。その日は移動時間を利用し、納期が迫っている原稿書きをしなければならなかったので、グリーン車に乗りました。

終点の秋田駅まで車掌さんは車内を通りましたが、一回も「切符を見せて下さい」とは言いませんでした。それればかりか、新幹線が東北に入ると、売店の女性スタッフが私の席に近寄って来ました。「折角、原稿書きが調子に乗っているというのに、いやな検札に来たのか……」と、一瞬むっとした気分になりました。

しかし、その女性スタッフはメニューを見せ、「お好きなお飲み物をどうぞ……」と言ってくれたのです。一瞬有料なのかと思いましたが、無料サービスであることはすぐわかりました。女性スタッフに礼を言い、その日はホットコーヒーを頼みました。

コーヒーを飲みながら、その後また一心不乱に、原稿書きをしていました。すると先ほどの女性スタッフがまた私の席を通りかかり、「お客様、コーヒーを入れ替えましょうか?」と言ってくれました。半分ほど飲んだコーヒーが覚めてしまっていたからです。私は「お代わりも無料でできるの?」と聞くと、その女性スタッフは「もちろんです」と言い、新しく温かいホットコーヒーを運んできてくれました。

こうした良いサービスをしてくれる新幹線もあるかと思えば、これが同じ新幹線のサービスか、と怒りすら覚える新幹線も多いものです。

私は新幹線に一週間に少なくとも三回は乗車しています。私がいつも乗る新幹線では、おしぼりは一つ頂きますが、飲み物のサービスなど、受けたことは一度もありません。

そればかりか、一週間前に予約したグリーン席に座っているにもかかわらず、また、私が原稿書きをやっていようが、疲れ果てて寝ていようが、お構いなく、「切符を拝見します……」と大声で叫び、仕事や睡眠の邪魔に平気でやってくるのです。

車掌さんの検札を受けるのはもとより、いつぞや乗車した折、あまりに違うサービスなので「なぜ、おしぼり等のサービスをしないのですか？」と車掌さんに質問しました。

すると車掌さんは「決まりですから」と、まるで「文句があるなら乗らなくてもいいです」といった表情で立ち去りました。


（坂本 光司）

あとがき

この本を最後までお読み下さって、ありがとうございます。読み終えて、心温まる気持ちになっていただけたら嬉しく思います。

平成二十三年四月、前月の地震で日本中が大きく動揺する状況の中、私たちは大学院に入学しました。授業は正常通り行われるのか、仕事との両立は可能なのか。それぞれが不安と希望を胸に坂本光司先生の研究室の門戸を叩きました。

何回目かのゼミで、坂本先生から「心に響いた感動サービス」出版のお話を頂きました。ゼミ生にも、心温まるサービスを受けた体験について原稿を執筆してほしいとのことでした。自分の体験を本に出すなんていいのだろうか。でも、そこで体験した素晴らしいサービスが世の中に広まったら、とても嬉しいこと。そんな複雑な想いを胸にゼミ生達は、仕事と大学院の研究と多忙を極める中、執筆しました。

そして迎えた原稿読み合わせの日、感心するようなきめ細やかなサービスもあれば、思わず笑ってしまうエピソード、それぞれが自分の胸の内を明かすかのような、家族との忘れがたい思い出と、それに付随するサービスを語りました。

何人かの発表では、発表者自身も、そして聴いている坂本先生やゼミ生も目頭を熱くする場面がありました。心に響いた感動サービスは、まさに体験した当事者の心の深いところに温かい記憶とともに刻まれているということを感じた瞬間でした。

ここに出てくるサービスはすべて「人」が作り出したものです。大がかりな設備や立派なマニュアルなどなくても、人として本来持っているおもてなしの心、優しい心、自分よりも弱い存在を助ける心さえあれば、誰でも、今日からできるサービスなのです。

この本が一人でも多くの経営者・サービスパーソンに届き、今以上の感動を日本中、世界中で生み出すことを願ってやみません。

最後に、大変お世話になった同友館の皆様、いつも温かく指導してくださる坂本光司先生、原稿執筆に協力してくれたゼミ生の仲間、初めての出版に一致団結して取り組んだ編集委員の仲間、そして本の出版や研究活動のために一緒にいる時間が少なくなってしまったけど、いつも笑顔で支えてくれた家族に感謝の意を伝えて、終わりたいと思います。

心に響いた感動サービス編集委員

亀井 弘喜、廣田 優輝、徳丸 史郎、門田 政己、藤井 正隆

執筆者一覧

坂本 光司

井上 竜一郎
法政大学大学院 政策創造研究科 修士課程（株式会社インプルーブ　専務取締役）

内山 隆司
法政大学大学院 中小企業経営革新研究所 特認研究員（東海浜松会計グループ会長・坂本光司ゼミ顧問）

岡野 哲史
法政大学大学院 政策創造研究科 修士課程（税理士岡野哲史事務所）

鬼塚 翔二朗
法政大学大学院 政策創造研究科 修士課程（ウィズラブインターナショナル株式会社）

門田 政己
法政大学大学院 政策創造研究科 修士課程（ＭＯＮ株式会社　代表取締役）

金森 史枝
法政大学大学院 政策創造研究科 博士後期課程（金森史枝社会保険労務士事務所　所長）

亀井 省吾
法政大学大学院 政策創造研究科 修士課程

亀井 弘喜
法政大学大学院 政策創造研究科 修士課程（パソナキャリア・良い会社プロジェクト）

木南 憲一
法政大学大学院 政策創造研究科 修士課程

木村 敬
法政大学大学院 政策創造研究科 研究生（日本アイ・ビー・エム株式会社）

木村 良太
法政大学大学院 政策創造研究科 修士課程

口村 健太郎
法政大学大学院 政策創造研究科 修士課程（ノマドワークス株式会社　代表取締役）

黒沢 親史
法政大学大学院 政策創造研究科 修士課程

小林 秀司
法政大学大学院 中小企業経営革新研究所 特任研究員（専門分野：理念経営・障がい者雇用／内閣府委嘱地域活性化伝道師）

近藤 博子
法政大学大学院 政策創造研究科 修士課程（近藤クリニック　事務局長）

今野 剛也
法政大学大学院 政策創造研究科 修士課程

坂田 健
法政大学大学院 政策創造研究科 修士課程

佐藤 浩司
法政大学大学院 政策創造研究科 修士課程（株式会社サポートケイ　代表取締役）

清水 洋美
法政大学大学院 政策創造研究科 修士課程（株式会社ディアナ　代表取締役）
鈴木 良夫
法政大学大学院 政策創造研究科 修士課程
芹澤 和樹
法政大学大学院 政策創造研究科 修士課程
高澤 暢
法政大学大学院 政策創造研究科 修士課程（ITコンサルタント・ネッスンドルマCEO）
徳丸 史郎
法政大学大学院 政策創造研究科 修士課程
富永 治
法政大学大学院 政策創造研究科 修士課程（公認会計士）
長池 直樹
法政大学大学院 政策創造研究科 修士課程（有限会社バリューファクトリー）
中川 真
法政大学大学院 政策創造研究科 修士課程
中村 大作
法政大学大学院 政策創造研究科 研究生（社会起業大学 学長・社会起業家フォーラム　パートナー）
野口 具秋
法政大学大学院 政策創造研究科 研究員

橋村 年浩
法政大学大学院 政策創造研究科 修士課程

平松 きよ子
法政大学大学院 政策創造研究科 研究員（株式会社たこ満　相談役）

廣田 優輝
法政大学大学院 政策創造研究科 修士課程（株式会社ゲットイット　代表取締役社長）

ファン・イーアン
法政大学大学院 政策創造研究科 修士課程

福井 琴美
法政大学大学院 政策創造研究科 修士課程

藤井 正隆
法政大学大学院 中小企業経営革新研究所 特任研究員（株式会社イマージョン　代表取締役）

増田 かおり
法政大学大学院 政策創造研究科 科目履修生

水野 信一
法政大学大学院 政策創造研究科 修士課程（株式会社水野オフィス　代表取締役）

望月 輝久
法政大学大学院 政策創造研究科 修士課程（株式会社望月ネームプレート　専務取締役）

望月 伸保
法政大学大学院 政策創造研究科 修士課程（株式会社もちひこ　代表取締役）

【編著者略歴】

坂本 光司（さかもと　こうじ）

静岡県（焼津市）生まれ。浜松大学教授、福井県立大学教授などを経て、現在、法政大学大学院政策創造研究科教授・同経営大学院（MBAコース）兼担教授、及び法政大学大学院静岡サテライトキャンパス長。

専門は、中小企業経営論、地域経済論、地域産業論。

最近の主な著書：

『中国義烏ビジネス事情』（同友館、2008年、編著）

『日本でいちばん大切にしたい会社』（あさ出版、2008年、著）

『ケーススタディ　この商店街に学べ！』（同友館、2009年、編著）

『なぜこの会社はモチベーションが高いのか』（商業界、2009年、著）

『日本でいちばん大切にしたい会社2』（あさ出版、2010年、著）

『ちっちゃいけど、世界一誇りにしたい会社』（ダイヤモンド社、2010年、著）

2011年10月20日　第1刷発行
2011年10月31日　第2刷発行

心の時代の感動サービス　実例107話
——リピーターを呼ぶ感動サービス③

©編著者　坂本光司＆坂本光司研究室
発行者　脇坂康弘

発行所　株式会社 同友館

〒113-0033 東京都文京区本郷3-38-1

TEL. 03（3813）3966
FAX. 03（3818）2774
URL　http://www.doyukan.co.jp

落丁・乱丁本はお取替えいたします。　KIT / 三美印刷 / 東京美術紙工

ISBN 978-4-496-04821-0　Printed in Japan